Rester présent face à la mort

Comment apporter notre soutien aux grands malades et aux personnes en fin de vie

Sarayu

M.A. Center, P.O. Box 613,
San Ramon, CA 94583, États-Unis

Rester présent face à la mort *par Sarayu*
Comment apporter notre soutien aux grands
malades et aux personnes en fin de vie

Publié par :
M.A. Center
P.O. Box 613
San Ramon, CA 94583
États-Unis

——————— *Being with Dying (French)* ———————

En France :
www.ammafrance.org

En Inde :
inform@amritapuri.org
www.amritapuri.org

Ce livre est dédié à notre Amma bien-aimée,
l'Un au delà de la vie et de la mort.

Oṁ mṛtyu-mathanyai namaḥ
Nous nous prosternons
devant la Mère Divine qui détruit la mort.

Table des matières

Sri Mata Amritanandamayi

Sri Mata Amritanandamayi, ou Amma (la Mère), – nom populaire sous lequel elle est connue généralement –, a conquis le cœur de millions de gens à travers le monde. Ses actions issues d'un amour hors du commun, et l'extraordinaire sacrifice qu'elle fait d'elle-même sont irrésistibles. Elle caresse tendrement ceux qui s'approchent d'elle, les serre affectueusement contre son coeur et offre son amour illimité à tous les visiteurs, sans se préoccuper de leur statut, de leurs croyances ou des motivations qui les amènent à se tourner vers elle. C'est de cette manière toute simple et pourtant puissante qu'elle transforme la vie d'innombrables personnes et les aide à ouvrir leur coeur à chaque fois qu'elle les étreint. En

36 ans, Amma a physiquement serré dans ses bras plus de 29 millions de personnes venues du monde entier.

Son infatigable dévouement à aider les autres a inspiré un vaste réseau d'activités caritatives qui permet aux volontaires qui s'y impliquent de ressentir une paix profonde et une grande satisfaction intérieure à rendre service de manière désintéressée. Amma enseigne que le divin existe en toutes choses, dans les êtres animés et inanimés. Percevoir cette unité sous-jacente est à la fois l'essence de la spiritualité et le moyen d'éliminer la souffrance.

Les enseignements d'Amma ont une portée universelle. Si on lui demande à quelle religion elle appartient, elle répond : « Celle de l'Amour ». Amma ne nous demande ni de croire en Dieu, ni de renier notre foi, mais simplement de nous interroger sur notre véritable nature et d'avoir confiance en nous.

Préface

Quand j'ai appris que Sarayu avait écrit un petit livre sur les soins palliatifs, j'ai eu envie de le lire et d'en savoir un peu plus. Je croyais que tous ceux qui, comme moi, n'avaient jamais été directement exposés à la mort avaient bien de la chance ... jusqu'à ce que plusieurs personnes me fassent part de leur expérience très positive, estimant particulièrement précieux les moments passés avec des mourants. Leur compagnie ne serait pas forcément telle que notre imagination nous la décrit, pleine de peur et de détresse, mais elle pourrait, en fait, se révéler une expérience incroyablement belle et profonde nous permettant de grandir en tant qu'êtres humains.

Parce que je n'ai jamais rencontré quiconque en fin de vie, je me disais que je ne saurais vraiment pas quoi faire, ni quoi dire, si je devais me retrouver soudain dans cette délicate situation. Quel soulagement de découvrir qu'en réalité, il n'y a rien à faire ni à dire en particulier ! Il suffit d' « être » là, présent. D'où le titre du livre, « *Rester présent face à la mort* ».

Rester présent face à la mort ne se réfère pas au simple acte de présence physique. Cela signifie demeurer avec le phénomène de la mort dans sa totalité ; et finalement, accepter en paix la mort, que ce soit la nôtre ou celle de ceux que nous aimons. La vie est changement. Ce qui est né doit mourir un jour. La chenille entre moins dans le cocon pour périr, que pour se débarrasser de ses entraves et émerger en tant que merveilleux papillon. Ainsi, par la compréhension spirituelle, nous nous dégageons du cocon de nos peurs et de nos préjugés concernant la mort et nous apprenons à faire confiance à la vie.

Lorsqu'Amma réconforte les malades ou ceux qui s'affligent de la perte d'un être cher, elle n'essaie pas de leur inculquer quelque profonde vérité spirituelle. Généralement, elle se contente de les serrer contre elle, d'essuyer leurs larmes, et leur demande de ne pas pleurer. À l'observer, je m'étonnais qu'elle ne leur dise rien d'autre. Mais j'ai finalement compris qu'en de pareils moments, les conseils ne sont pas entendus. Plutôt que de prêcher, Amma *est* tout simplement avec les gens qui souffrent, ne fait plus qu'un avec eux. Et en prenant part à leur chagrin de cette façon, elle le transmute par sa conscience et son amour.

En prenant à bras le corps la plénitude de chaque moment présent, Amma nous montre comment accueillir avec foi et courage la merveille de l'inconnu, le mystère de notre mortalité. J'espère que ceux qui liront ce charmant petit livre s'imprégneront de son essence et pourront ainsi faire partager la paix qu'ils y auront trouvée.

Swamini Krishnamrita Prana
Amritapuri Ashram

Introduction

« Mes enfants, même si nous ne sommes pas en mesure d'aider les autres matériellement, nous pouvons au moins leur sourire ou leur parler gentiment, cela ne nous coûte rien. Ce qu'il faut, c'est un coeur compatissant, voilà le premier pas de la vie spirituelle. Ceux qui se montrent gentils et affectueux avec autrui n'ont pas besoin de chercher Dieu, car Dieu court vers les cœurs remplis de compassion. Ces cœurs-là sont la demeure préférée de Dieu. »

– Amma

Mon père est mort du cancer quand j'avais vingt-six ans. Cela faisait trois ans que j'habitais à Amritapuri quand on a découvert sa maladie. Je me souviens encore de ce coup de

13

téléphone affreux quand il m'a appelée pour me dire que les médecins avaient trouvé deux tumeurs dans ses poumons. Confuse et sous le choc de la nouvelle, j'ai été voir Amma. Elle m'a conseillé de le rejoindre immédiatement. Je me suis retrouvée subitement dans le rôle de principale accompagnante durant les six derniers mois de sa vie. Il est mort à l'âge de cinquante ans.

Nous avions toujours eu une bonne relation mais le lien créé à travers ces circonstances avait quelque chose de profond et sacré. L'amour qui avait toujours existé entre nous s'est alors manifesté ouvertement. Cette expérience m'a beaucoup marquée. Les souvenirs de cette période passée avec mon père sont comme autant de joyaux précieux que je garde dans mon coeur.

Ce que je n'avais pas compris sur le coup, c'est que par la simple recommandation de partir rejoindre mon père et de rester avec lui,

Amma avait planté une graine en moi. Une graine qui plus tard m'a inspirée à travailler comme accompagnante des mourants dans un hôpital américain de 2003 à 2005. C'est à cette époque que j'ai eu la chance de rencontrer de nombreux patients souffrants de maladies très variées.

Au cours de ces deux années, j'ai été poussée dans mes retranchements de multiples façons. J'ai dû me raccrocher fermement à ma foi pour pouvoir accepter, supporter ou donner un sens à la quantité de souffrance à laquelle j'étais confrontée quotidiennement. Cette expérience m'a changée pour toujours.

J'ai vu des malades qui étaient privés de tant de choses que nous considérons comme un dû. Certains d'entre-eux ne disposaient d'aucun soutien ; Ils n'avaient aucun ami, ni famille qui venait les voir, aucune croyance religieuse pour les réconforter, ni aucune assistance sociale pour les aider à naviguer dans le système administratif des remboursements des frais de santé. En étant le témoin de leurs besoins et de leur souffrance, j'ai réappris, jour après jour, ce qui est le plus important dans la vie : rendre service aux autres, faire attention à eux et les aimer. Plus nous essayons de trouver des moyens d'aider les personnes en fin de vie, plus nous constatons que par les mêmes moyens, nous pourrions aussi aider les bien-portants.

En réfléchissant, j'ai compris que ce travail allait de pair avec les enseignements d'Amma et la *sadhana* (pratiques spirituelles) qu'elle recommande. Amma accompagne les mourants de manière parfaite et incarne pour nous l'exemple ultime à suivre en toutes circonstances.

Je ne suis pas une experte en la matière. J'ai simplement essayé de faire attention à ce qui se passait en moi et autour de moi. Je fais part dans ce livre de mon expérience, et de

mes erreurs, dans l'espoir que nous approfon-
dissions notre compréhension et améliorions
notre capacité à rester présents et attentifs les
uns pour les autres lorsque cela sera nécessaire.

Il est possible que vous receviez vous-aussi
un jour un coup de téléphone vous annonçant
qu'une de vos connaissances est atteinte d'une
maladie mortelle. Comment allez-vous réagir ?
Vous sentez-vous prêt à rencontrer cette personne qui va mourir ? Quelle serait l'attitude la
plus adéquate pour approcher cette situation ?
Quelle est la meilleure façon de s'y prendre
pour aider les personnes en fin de vie ?

Bien que ce livre soit court, son contenu
peut se révéler intense. Beaucoup d'informations peuvent être nouvelles pour vous. C'est
pourquoi je vous invite à le lire lentement,
à prendre le temps, après chaque chapitre,
d'absorber les idées que vous y trouvez, et de
réfléchir à la manière dont elles s'appliquent à
votre propre situation.

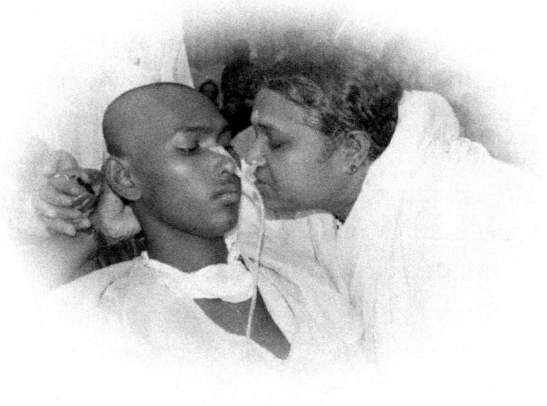

Le mourant

« *Les personnes sensibles ayant un coeur rempli de compassion sont rares. Trouvez votre propre harmonie interne, le chant magnifique de la vie et de l'amour à l'intérieur de vous. Allez aider ceux qui souffrent. Apprenez à placer les autres avant vous. Prenez en considération tous ceux que vous rencontrez car c'est cette attitude qui vous mène à Dieu et à votre propre Soi.* »

— *Amma*

L'accompagnement des mourants en tant que pratique spirituelle

« Beaucoup de gens ne veulent pas méditer parce que la tranquillité dont ils font l'expérience pendant la méditation les amène à croire qu'ils vont mourir.

Ce que vous ne comprenez pas, c'est que la méditation est le principe salvateur et que c'est précisément elle qui vous rend immortel.

La méditation vous fait traverser le cycle des naissances et des morts. En fait, elle fait disparaître la peur de la mort. Les

*pratiques spirituelles vous donnent le
pouvoir et le courage de sourire face à la
mort.* »

— Amma

S'asseoir au chevet d'une personne en fin de
vie est une pratique spirituelle extrêmement
puissante. C'est l'occasion d'exercer toutes
les qualités que nous souhaitons manifester
lorsque nous menons une vie spirituelle :
l'équanimité, la compassion, l'abandon de
soi, la foi et l'aptitude à placer les autres avant
soi-même. C'est une chance extraordinaire de
mettre en pratique les enseignements d'Amma.

Dans ce premier chapitre, nous passons en
revue quelques recommandations spirituelles
d'Amma que nous pourrions utiliser lorsque
nous accompagnons une personne en fin de
vie : rester consciemment dans le moment
présent, faire preuve de patience, nous souvenir que nous ne sommes pas que le corps

physique mais essentiellement le Soi, et ouvrir notre coeur.

Être dans le présent

« Comme un enfant qui vit pleinement dans le présent, lorsque vous aimez, que votre être tout entier soit présent dans cet amour, sans aucune division intérieure ni réserve. Ne faites rien partiellement, accomplissez complètement vos actions en restant dans le moment présent. Ne remâchez pas le passé, et ne vous y accrochez pas. Oubliez le passé et cessez de rêver au futur. Exprimez-vous en étant tout à fait présent, seulement dans cet instant. Rien, ni les regrets du passé, ni les anxiétés concernant le futur ne devraient interférer avec la fluidité de ce que vous ressentez intérieurement. »

— Amma

Le plus beau cadeau que nous puissions offrir à un mourant, c'est d'être présent, de l'écouter avec vigilance et de lui donner toute notre attention. Être présent signifie avoir une conscience aiguisée et une compréhension fine de sa situation, accepter notre interlocuteur tel qu'il est à différents moments. Alors, le temps passé en sa compagnie devient une forme de méditation. Regarder Amma donner le *darshan*, c'est observer son aptitude à être totalement présente avec une autre personne. (Traditionnellement le mot *darshan* signifie « avoir la vision d'un saint », mais ici, il désigne la bénédiction d'Amma lorsqu'elle serre les gens dans ses bras). Chacun à leur tour, les visiteurs arrivent devant Amma. Certains la rencontrent pour la première fois, quelques uns sont tristes, d'autres sont gais ou bien intimidés. Néanmoins, Amma accepte chacun d'entre eux exactement comme il est à ce moment précis.

Si nous sommes sur un chemin spirituel, en train d'observer nos peurs et nos comportements inconscients, l'accompagnement d'une personne en fin de vie nous offrira une nouvelle lucidité concernant nos propres fonctionnements. Si nous avons l'habitude, dans nos moments de méditation, de contempler nos sensations ou nos pensées gênantes, alors il nous sera plus facile de gérer les sentiments inconfortables qui se manifestent en présence du mourant. En fait, toute pratique spirituelle, (méditation, chant sacré, récitation du chapelet, programme en 12 étapes pour sortir d'une dépendance...), se révèlera une aide précieuse à la fois pour nous et pour le malade que nous accompagnons. Car ce genre d'exercices permet de rester calme, centré et présent, ce qui s'avère indispensable lorsque nous voulons aider une personne en fin de vie. Amma dit : « Seule une personne qui vit sa vie dans le présent de chaque instant peut être complètement libérée de la peur. Elle seule a la capacité d'embrasser la mort en toute sérénité. Cette manière de vivre un moment à la fois ne devient possible qu'avec la pratique de la méditation et des exercices spirituels. Tant que l'ego est là, la peur de la mort subsiste. Une fois que l'ego est transcendé, il disparaît et la peur de la mort disparaît aussi. Dans cet état sans ego, la mort devient un extraordinaire moment de célébration. »

La patience

> « *La patience et l'abandon de soi sont des qualités indispensables pour un chercheur spirituel.* »
>
> *– Amma*

À quel point sommes-nous patient, tolérant et rempli de compassion ? Nous allons vite le savoir si nous allons régulièrement rendre visite à une personne en fin de vie. Bien souvent, le patient, que nous connaissions vigoureux et plein d'entrain, se met progressivement à bouger et à réfléchir plus lentement. Des activités comme le repas ou la toilette prennent deux fois plus de temps. Le malade peut aussi brusquement changer d'humeur ou de comportement. Notre patience peut être mise à l'épreuve durant ces visites. À nous de rester vigilant car notre impatience pourrait nous amener inconsciemment à imposer notre rythme et notre volonté à l'autre.

Le but de nos pratiques spirituelles est finalement de pouvoir servir efficacement le monde. C'est pourquoi Amma nous dit « Mes enfants, la patience est nécessaire pour progresser spirituellement. Ne perdez jamais patience. Faites vos pratiques spirituelles avec la plus grande sincérité et attendez patiemment. Si vous êtes sincères, les résultats viendront. »

Lorsque jour après jour, nous accompagnons un malade il se peut que nous nous surprenions en flagrant délit d'impatience, à vouloir qu'il se dépêche dans ses mouvements ou pour prendre une décision. Amma nous conseille de façon très pratique à ce sujet : « L'impatience détruit. Soyez patients. La réalité de la vie, c'est l'amour. Quand vous aimez, vous ne pouvez pas vous précipiter. Vous devez faire preuve de patience. Lorsque vous vous trouvez dans une situation troublante, contentez-vous d'observer ce qui se passe. Ne vous comportez pas méchamment. Ne réagissez pas. Essayez de comprendre que le vrai problème n'est pas ce qui arrive, mais la façon dont vous réagissez aux circonstances. Quand vous voyez que vous êtes sur le point de réagir d'une manière négative, faites une pause. Arrêtez de parler. »

Nous souvenir que nous ne sommes pas le corps mais le Soi

« Si nous voulons la paix de l'esprit, nous devons faire la différence entre ce qui est permanent et ce qui est éphémère, et puis agir en conséquence. Tous nos amis et tous les membres de notre famille partiront un jour et nous nous retrouverons seul. C'est pourquoi nous devrions réfléchir au véritable but de la vie. Si nous menons notre vie en en comprenant le sens, nous n'aurons plus peur de rien, pas même de la mort... Il est bon que les chercheurs spirituels aillent au moins une fois par mois rendre visite aux malades dans les hôpitaux ; leur esprit s'en trouvera à la fois renforcé et adouci. Leur détachement s'approfondira et leur détermination augmentera. La compassion viendra adoucir leur coeur... Nous comprendrons la futilité de cette vie

*quand nous réaliserons que nous pouvons
être les prochains à partir. Avoir clairement
conscience que, nous aussi, nous allons
mourir, raffermit notre détachement. La
mort nous suit comme une ombre. Si nous
comprenons l'inévitabilité de la mort, nous
nous efforcerons de réaliser la vérité éter-
nelle avant que le corps physique ne nous
lâche. Personne ne sait qui sera le prochain
à mourir. Personne ne peut le prédire. »*

– Amma

Ce travail n'est pas recommandé aux tièdes.
Accompagner une personne en fin de vie peut
se révéler difficile. Nous allons évidemment
être confronté à notre propre mortalité. Nous
allons nous demander : comment est-ce que
je vais mourir ? Qui sera à mes côtés ? Qu'est-
ce que je vais ressentir ? Nous pouvons nous
retirer dans la solitude pour un temps, réfléchir
et méditer là-dessus afin d'accepter l'inévitabilité de notre propre mort. Nous pouvons

par exemple penser à ce qui nous a apporté le plus de joie et de paix dans notre vie, décider quelles personnes et quelles valeurs nous semblent importantes, et vérifier si tout a été clairement dit, communiqué ou expliqué à notre entourage.

Amma nous dit : « Souvenez-vous qu'à chaque instant la mort vous menace. Si vous comprenez cela, l'ego s'affaiblit. La conscience de l'imminence de la mort vous aide à vivre dans le présent et à vous intéresser au sort des autres. »

Ouvrir le coeur

> « L'essence de la maternité n'est pas réservée aux femmes qui ont mis des enfants au monde. C'est un principe inhérent à la fois aux femmes et aux hommes. C'est une

*attitude de l'esprit. C'est l'amour. C'est cet
amour qui est le souffle-même de la vie. »*

— *Amma*

Que nous ayons le corps d'un homme ou celui
d'une femme, l'essence universelle de la mater-
nité en nous tous a une chance de se manifester
et de s'épanouir quand nous accompagnons
un mourant, car c'est l'opportunité rêvée de
quitter notre tête et de fonctionner à partir
du coeur.

Avant de rencontrer Amma, une des
brahmacharinis travaillait gratuitement dans
un hospice à San Francisco. Elle allait régulièrement rendre visite à une jeune femme
qui mourait d'un cancer du poumon. Cette
malade se montrait si impolie et si agressive
qu'il était difficile de communiquer avec elle.

Un jour on a appelé la visiteuse volontaire
pour lui annoncer que l'état de la patiente
avait soudainement empiré et qu'elle allait

probablement mourir dans les prochaines vingt-quatre heures. Le personnel hospitalier s'inquiétait de ne pas pouvoir joindre la famille de la jeune femme, et priait l'accompagnante bénévole de bien vouloir venir au chevet de la mourante.

Elle est donc partie à l'hôpital et dès qu'elle est entrée dans la chambre, elle a vu que la jeune femme était terriblement effrayée et qu'elle avait du mal à respirer. La visiteuse a essayé de lui parler mais rien de ce qu'elle disait ou faisait ne parvenait à apaiser la malade. Alors elle est tout simplement restée assise à côté d'elle pendant des heures. Elle s'est appliquée de tout son coeur à seulement être là, disponible, pour la jeune femme qui mourait. Elle a tenté d'ouvrir son coeur à la frayeur de la jeune femme. Finalement celle-ci a paru s'apaiser.

Quelques heures plus tard, la famille de la patiente est arrivée et la visiteuse bénévole est rentrée chez elle. Alors qu'elle attendait le bus, elle a senti son cœur ouvert comme jamais : elle ressentait très profondément qu'elle aimait absolument tout et tout le monde. Quand elle est montée dans le bus, elle a failli serrer le chauffeur dans ses bras !

Les moments passés en compagnie d'une personne en fin de vie sont très particuliers. Tous les masques imposés par la société tombent. À parler avec un mourant, nous pouvons devenir plus conscient du facteur temps et du fait que son temps à lui est limité. Nous nous rendons compte qu'en général, en dehors de l'accompagnement du mourant, nos sujets de conversation sont rarement significatifs ou importants. En fréquentant le patient en fin de vie, nous ressentons comme l'urgence du temps, et son côté précieux. Nous comprenons mieux l'enseignement d'Amma à ce sujet : « Ne perdez pas votre temps. La perte de dix millions de roupies inquiète moins Amma que

33

le gaspillage d'un seul instant. L'argent peut être regagné, mais pas le temps perdu. Mes enfants, soyez toujours conscients de la valeur du temps. »

Si nous passons beaucoup de temps avec une personne en fin de vie, l'intimité entre nous peut devenir très grande. Quand nous nous rendons au chevet de notre ami, tout ce qui encombre ordinairement notre esprit, comme la liste des courses à faire, les désaccords avec des collègues au travail et toutes sortes de choses qui nous font sortir de la conscience du moment présent, tout cela a tendance à disparaître durant la visite. Nous sentons que les prétendus problèmes de notre vie ne sont rien comparés à la situation de la personne qui est en train de mourir. Cette vision lucide est un cadeau que nous fait inconsciemment le mourant. Il nous force à ralentir notre rythme et nous montre ce qui est important et significatif dans notre existence. Nous pouvons tous tirer avantage de ce genre de relation plus profonde avec un autre être. Lorsque cette connexion de coeur à coeur se produit avec quelqu'un, nous nous en trouvons généralement nourri et comblé. C'est une expérience précieuse qui nous enrichit et que nous pouvons partager à notre tour, avec d'autres ou dans d'autres domaines de notre vie.

Guérir

« L'amour peut guérir les coeurs blessés et transformer l'esprit humain. Il permet de surmonter tous les obstacles. Il nous aide à nous détendre physiquement, émotionnellement et intellectuellement. Il nous rend ainsi paisible et heureux. Comme un nectar remplissant notre vie de beauté et de charme, il a la capacité de créer un autre monde dans lequel nous sommes immortel. »

– Amma

L'accompagnement des personnes en fin de vie est comme un cercle bénéfique : les pratiques spirituelles nous aident à aller rendre visite au malade, et nous asseoir aux côtés du mourant se révèle être un puissant exercice spirituel. Le processus est réciproque. Les blessures émotionnelles non résolues de l'accompagnant peuvent être mises à nu, et donc réactivées pour guérir. Une dame qui accompagnait régulièrement les mourants dans un hôpital m'a raconté cette anecdote :

« On m'a demandé un jour d'aller voir un adolescent qui avait été blessé par une balle de fusil. Son état était critique et on ne pensait pas qu'il survivrait. Quand on m'a parlé de ce patient, mon coeur s'est mis à battre très fort et je suis partie le rejoindre. Je ne me souviens pas qu'il y ait eu d'autres personnes dans la chambre. Il n'y avait que ce jeune homme inconscient, entouré de tubes, de câbles et de lumières. Je me rappelle vaguement que je l'ai regardé pendant quelques minutes et que j'ai écouté sa respiration difficile. J'ai ensuite quitté la pièce et c'est seulement après avoir parcouru la moitié du couloir que je me suis rendue compte que je me tenais au mur pour arriver à marcher.

Ma soeur a été tuée d'une balle de révolver dans la nuque quand elle avait seize ans. Elle est restée dans le coma pendant deux jours et puis elle est morte. La balle qui a touché ma soeur a détruit toute ma famille. Nous n'avions aucune croyance, rien qui puisse nous aider à expliquer ou à comprendre ce qui était arrivé, rien à quoi se raccrocher. Nous n'étions pas même capables de nous aider les uns les autres. Mon père ne croyait pas utile d'aller voir un psychologue. Il disait que la psychologie était pour les gens faibles et les fous. Alors, nous nous sommes retirés chacun dans notre confusion et notre angoisse pendant les vingt-cinq années qui ont suivi. J'avais dix ans à l'époque.

Lorsqu'on m'a appelée au chevet de ce garçon qui avait le même âge que ma soeur quand elle a été tuée, je me suis trouvée absolument incapable de faire face à cet adolescent. J'ai pris alors conscience que je ne m'étais pas encore complètement remise du profond chagrin que je portais depuis sa mort subite, même si j'avais travaillé émotionnellement sur moi pendant des années. »

Accompagner une personne en fin de vie est une jauge très utile de notre véritable maturité émotionnelle. D'abord, nous devons sentir si nous sommes prêt et capable d'affronter la situation qui se présente à nous. Si nous nous sentons émotionnellement incapable d'aider, à nous de choisir : soit, nous reconnaissons honnêtement notre incapacité à participer à l'accompagnement du mourant, soit nous prenons notre inconfort comme l'opportunité de commencer ou d'approfondir un processus de guérison. L'important est de rester conscient de la façon dont les circonstances nous touchent.

Elisabeth Kübler Ross[1], dans son livre magistral sur le travail dans les hospices, *Les derniers instants de la vie*, explique que le personnel des soins palliatifs et les membres de la famille du patient doivent impérativement comprendre quelles angoisses ou inquiétudes les habitent chacun personnellement, afin d'éviter de projeter leurs propres peurs sur les mourants.

---

[1] Elisabeth Kübler Ross, M.D. (1926-2004) est une psychiatre suisse, auteur d'un livre révolutionnaire intitulé *Les derniers instants de la vie*. Son dévouement et sa détermination ont changé pour toujours la façon dont on traite les personnes en fin de vie. Ses efforts infatigables pour que les mourants soient traités avec compassion et dignité sont désormais le modèle à suivre dans les services de soins palliatifs. Dr Ross a enseigné au monde que le processus de la mort concernait en fait la vie et que notre travail sur cette terre était d'apprendre à aimer inconditionnellement.

Le stress

Il est important de se souvenir que la maladie et la mort engendrent beaucoup de stress. La plupart des événements liés à la maladie sont imprévisibles et peu familiers. Or, comme nous associons généralement l'idée de stress à celle d'action, nous sommes souvent incapable de déceler le stress ressenti par un malade alité. Chez la majorité des gens, le stress fait ressortir les pires côtés de leur personnalité. Et cela s'applique non seulement à la personne en fin de vie, mais aussi à ceux qui prennent soin d'elle et à ses amis. Il serait judicieux d'observer ce qui arrive dans le cadre de l'accompagnement du mourant tout en gardant cette information

41

en tête. Ce qui pourrait grandement nous aider, c'est de chercher comment nous nous y prenons, nous, dans notre vie, pour gérer notre stress, puis de pratiquer régulièrement ces stratégies personnelles de relaxation, avant d'aller voir le malade.

Cependant, tout le monde ne réagit pas à la maladie par le stress. Certains se mettent à vivre au ralenti et commencent à apprécier de nombreux aspects de leur vie. Ils ont la chance de ressentir une immense gratitude vis à vis des personnes ou des objets qui les rendent heureux. Ainsi, comme avec la plupart des expériences dans la vie, souvenons-nous que de nombreuses réactions différentes peuvent se produire selon les individus.

Souvent, lorsque nous accompagnons quelqu'un atteint d'une maladie irréversible, nous ressentirons à un moment donné que nous ne pouvons rien faire, que nous avons perdu le contrôle de la siuation. Même si nous voulons que les choses soient différentes, même si nous aimons énormément la personne malade, nous n'avons pas le pouvoir de changer l'épreuve qu'elle traverse. Il est normal de se sentir impuissant et sans recours parfois. En fait, la réalité, c'est que nous sommes vraiment impuissants. L'acceptation de notre impuissance et l'abandon de notre envie de tout contrôler sont des étapes nécessaires sur la voie de la maturité spirituelle. Si nous avons la foi en un pouvoir qui nous dépasse, nous souhaiterions idéalement accepter la vie telle qu'elle se dévoile à chaque instant, avec élégance et une juste compréhension, en nous rappelant qu'elle est la manifestation d'un plan divin, ou de la volonté divine.

Beaucoup de maladies sont dégénératives; elles amènent le corps à se détériorer lentement et graduellement sur plusieurs années. Ces maladies-là sont très douloureuses, et les patients qui en souffrent ont généralement besoin de soins à long terme. Les thèmes abordés dans ce petit livre (stress, perte, espoir, etc.) concernent non seulement nos amis atteints d'une maladie fatale, mais aussi ceux souffrant de maladies chroniques.

Lorsque nous accompagnons quelqu'un de gravement malade ou en fin de vie, il est normal de se sentir stressé, épuisé, confus, troublé ou triste. Soyons gentil avec nous-même ; l'attention que nous portons au patient et notre présence à ses côtés sont des cadeaux précieux et nous devons prendre conscience de leur valeur.

La perte

*« L'accomplissement de la spiritualité est
la capacité d'accepter et de comprendre les
autres tels qu'ils sont. »*

— *Amma*

Le patient en phase terminale doit affronter la
situation la plus fragilisante de toute sa vie. À
nous de nous montrer vigilant et particulièrement sensible à ce qui arrive exactement à cette
personne qui fait face à la maladie et à la mort.

Avec la mort, cette entité que nous appe-
lons « moi » perd tout. En tant qu'accompagnant, nous allons, nous, perdre un être que
nous aimons beaucoup, mais la personne qui

meurt va perdre, elle, tous ceux qu'elle aime, et toutes les choses qu'elle apprécie. Cette perte commence au moment du diagnostic de la maladie. Après celui-ci, tout change, et en particulier la relation du patient avec son corps et la manière dont ce dernier fonctionne. Souvent même, le malade se sent trahi par son propre corps.

Le seul fait d'entrer à l'hôpital amène un changement énorme dans la vie du malade. Quand nous lui rendons visite, nous devons être conscient de ce bouleversement. Les gens en bonne santé vivent confortablement chez eux. Ils mangent ce qu'ils aiment, quand ils le veulent. Ils ont la possibilité d'effectuer des choix. Ils jouent différents rôles tout au long de la journée et reçoivent l'attention des autres. Ils interagissent avec leur entourage à différents niveaux. Ils partagent une relation intime avec leur partenaire ou compagnon de vie et profitent de leur temps libre comme bon leur semble.

Mais quand quelqu'un entre à l'hôpital, il se retrouve brutalement dans un lit, souvent inconfortable, avec des draps rêches, à fixer chaque jour, pendant des heures, la reproduction médiocre d'un tableau accrochée au mur devant lui. Le pyjama de l'hôpital n'est pas à sa taille et laisse son dos à nu. Personne ne frappe à la porte avant d'entrer et personne ne lui demande si le moment est bien choisi pour lui rendre visite. Les infirmières, les médecins, les femmes de ménage et les employés qui apportent les repas entrent dans sa chambre de jour comme de nuit. Non seulement le patient est séparé de sa famille et de ses amis, mais en plus, il n'a plus aucune vie privée.

Un autre changement important pour la personne hospitalisée, c'est que son corps ne lui appartient plus. Son corps est sondé, piqué, serré, heurté, exposé et regardé sans relâche. Il est envahi, touché et observé d'une façon qui serait inimaginable en dehors du contexte de la maladie. Il est réduit à l'état d'un objet qu'on examine ou répare. Et la personne qui l'habite peut être oubliée.

La maladie transforme l'image que nous avons de nous-mêmes et notre rapport au monde. L'aspect de ce corps auquel nous nous identifions tellement change lui aussi. Les sensations à l'intérieur du corps sont différentes. Les mouvements ne sont plus les mêmes. On perd ses cheveux, on perd du poids, il arrive même qu'on perde un organe, un bras ou une jambe... Quand le patient s'identifie fortement à son apparence physique, ce genre de changement engendre beaucoup de chagrin et de peur.

La nouvelle de la phase terminale de la maladie bouleverse toutes les relations avec autrui. L'entourage ne communique plus de la même manière avec un malade en fin de vie. La

nature des conversations change : les conversations ouvertes, honnêtes et confortables dis-
paraissent, mais aussi et surtout les désaccords
et les disputes. La participation du patient à la
vie est réduite au minimum. En plus de toutes
ces difficultés s'ajoute celle d'avoir à choisir
parmi les différents traitements médicaux et
leurs effets secondaires. Et puis le mourant a
une immense peur de l'inconnu. Il est hanté
par la terrifiante pensée que son quotidien
ne sera plus jamais comme avant, et qu'il ne
retrouvera plus jamais la santé.

Ainsi, il arrive qu'une personne menant
une vie active et bien remplie se retrouve du
jour au lendemain très isolée, effrayée et seule.
Se souvenir de cela nous aidera à nous montrer
plus sensible et compréhensif envers celui que
nous accompagnons.

Différences entre hommes et femmes

« *Les femmes et les hommes ne sont pas séparés. Ils représentent deux aspects d'une vérité unique, comme les deux côtés d'une pièce. Ce que les femmes ne peuvent pas faire, les hommes le peuvent. Ce que les hommes ne peuvent pas faire, les femmes le peuvent. Leurs dharmas (devoirs, responsabilités) sont complémentaires.* »

– Amma

Comme le comportement des femmes et des hommes est influencé par des normes sociales féminines et masculines, les défis qui se présentent à eux quand ils tombent gravement malades ont tendance à refléter leurs conditionnements. Je ne veux pas réduire les femmes et les hommes à des stééréotypes, mais j'ai observé dans mon expérience avec les personnes en fin de vie, que cette différence entre les hommes et les femmes était assez répandue.

Quand j'ai commencé à rendre visite aux patients, je n'étais pas du tout consciente de ces différences. Cependant, après avoir travaillé deux mois, j'ai été étonnée de rencontrer ce schéma chez presque tous les malades.

Par exemple, lorsqu'une femme est atteinte du cancer, elle change de rôle : elle qui prenait soin des autres doit maintenant, non seulement demander aux autres de l'aider, mais aussi accepter de recevoir cette aide. De nombreuses femmes ne sont pas habituées à demander de l'aide. Elles ont l'impression que si elles expriment leurs besoins, elles deviennent un fardeau pour leur famille. Par contre, l'homme qui doit arrêter de travailler à cause de sa maladie se sent déprimé de ne plus pouvoir ni agir ni soutenir financièrement sa femme et ses enfants.

Quand je suis devenue plus consciente de ces thèmes spécifiques aux femmes et aux hommes, je me suis sensibilisée à leur situation en tant que « malade femme » ou « malade homme », et mes échanges avec eux sont devenus plus significatifs.

Ce qui suit est l'exemple d'une conversation entre un accompagnant et une patiente. Ce dialogue donne une idée des problèmes que rencontrent typiquement les femmes : changer de rôle, demander de l'aide, se sentir un fardeau pour la famille, vouloir protéger le mari, souffrir de l'absence des proches. Ce n'est pas une formule à suivre. Il n'existe pas de questions ni de réponses parfaites.

Dialogue n° 1 : Le changement de rôles

Accompagnant : Comment ça va ?

(La patiente fond en larmes. L'accompagnant lui permet de pleurer un moment sans intervenir. Elle lui demande une serviette qui se trouve sur la table et il la lui tend.)

Accompagnant : Qu'est-ce qui vous fait pleurer ?

Patiente : Tout ça me dépasse, je crois. J'ai de la chance. L'opération s'est bien déroulée. Mais, mon mari et ma famille… *(elle se remet à pleurer plus fort)*. C'est vraiment dur pour eux. Surtout pour mon mari. Il doit s'occuper des enfants, et en plus, il continue à travailler et je sais qu'il se fait du souci pour l'argent.

Accompagnant : À vous voir pleurer, j'ai l'impression que c'est un moment vraiment dur pour vous. On dirait que votre mari et vous, vous avez dû échanger vos rôles. Ça doit vous manquer de ne pas être chez vous pour prendre soin de tout le monde.

Patiente : Oui. Je sens que j'peux m'permettre de pleurer avec vous, ça vous embête pas. Mais j' peux pas laisser mon mari me voir dans cet état, ça le stresserait encore plus.

Notons que l'accompagnant répond à ce qui arrive à chaque instant, ce qui donne la possibilité à la patiente d'exprimer ses peurs et ses émotions. Les problèmes mentionnés sont très importants dans la vie de cette femme : argent, famille, stress, maladie physique et perte de l'indépendance.

Le prochain dialogue explore des problèmes le plus fréquemment rencontrés chez les hommes.

Dialogue n° 2 : Homme, soutien financier de sa famille

Accompagnant : Comment est-ce que votre vie a changé depuis que le médecin a diagnostiqué votre maladie il y a quatre mois ?

Patient : Ben, quand je suis tombé vraiment malade, j'ai dû arrêter le travail. Ma femme, Claire, elle est restée ici tout le temps avec moi. Alors maintenant elle doit travailler beaucoup.

Accompagnant : Vous êtes souvent seul maintenant?

Patient : Oui.

Accompagnant : Et comment vous vivez ça ?

Patient : C'est un peu difficile. Au magasin, vous savez, je peux plus rien porter du tout.

Accompagnant : Votre travail vous manque.

Patient : Ben oui, je sais pas quoi faire maintenant.

Accompagnant : Vous voyez moins de gens.

Patient : Ouais, vous avez raison, c'est ça.

Accompagnant : Comment prenez-vous ça que Claire doive travailler si dur maintenant ?

Patient: C'est difficile pour moi. Je l'envie.

Devoir compter sur sa femme pour gagner de l'argent et sentir à quel point il est faible physiquement et sans ressource, remet en question l'image que cet homme avait de lui-même. Et cette remise en question se rajoute au stress d'avoir à faire face à la maladie. Le patient ne se sent pas gêné que sa femme soit

obligée de travailler plus que d'habitude; il
l'envie. Pendant des générations, ce sont les
hommes qui ont soutenu financièrement leur
famille. De nos jours, même si la situation a
changé, les hommes sont encore nombreux à
s'identifier au travail qu'ils font en dehors de
chez eux, et quand ils ne peuvent plus travailler
à cause d'une maladie, ils ne savent plus qui
ils sont et se sentent quelquefois inutiles. Ce
bouleversement émotionnel entraîne généralement une dépression. Si d'un côté, les hommes
malades ont tendance à réagir de cette façon,
de l'autre côté, les femmes traversent des
épisodes dépressifs et des émotions similaires
lorsqu'elles ne peuvent plus assumer leur rôle
habituel au sein du foyer.

Avoir conscience de ces difficultés ren-
contrées par les patients et des émotions dont
ils peuvent faire l'expérience nous prépare à
leur rendre visite. Voici un autre exemple de
dialogue avec un homme malade. Cet homme

rencontre les défis cités plus haut, et en plus, celui de vouloir mourir quand son entourage n'est pas prêt à le laisser partir.

Dialogue n° 3 : Homme, soutien financier de sa famille

Accompagnant : Salut Jacques, comment allez-vous ?

Patient : Je vais bien.

Accompagnant : Vous êtes ici pour un traitement ?

Patient : Je reçois des radiations. J'ai demandé au docteur si je pourrais juste partir et il a dit « non ».

Accompagnant : Vous voulez rentrer chez vous ?

Patient : Non, je veux qu'on m'enterre.

Accompagnant : Vous en avez assez ?

Patient : Oui, j'en ai marre de rester allongé sur ce lit. Je suis malade depuis quinze mois. D'abord dans un poumon, et maintenant dans le cerveau. Même chez moi, je devais rester au lit. Mes deux fils sont venus ici. Ils habitent loin. Je leur ai dit de rentrer chez eux.

Accompagnant : On dirait que vous vous trouvez dans une situation très difficile.

Patient : Ouais, moi je voudrais juste m'endormir. Me faire piquer et m'endormir. Mais ma femme, elle dit « non ».

Accompagnant : Ça vous ennuie qu'elle ne soit pas d'accord avec vous ?

Patient : Un peu. Elle croit que Dieu nous prend quand Il est prêt.

Accompagnant : Et vous voyez les choses différemment ?

Patient : Ben moi, je voudrais juste dormir. À quoi ça sert que je sois au lit comme ça, à regarder tous les autres autour qui marchent et moi j'arrive pas à marcher.

Accompagnant : Vous vous sentez inutile parce que vous ne travaillez pas ?

Patient : Toute ma vie j'ai travaillé. *(pause)* J'ai voyagé, j'ai parcouru le continent de long en large… Je ne sais pas.

Accompagnant : Vous étiez très actif avant et maintenant tout a changé.

(Silence)

Accompagnant : Vous vous sentez en paix avec la mort ?

Patient : *(il hésite)* Ouais, mais ma femme est pas prête. Elle pense que je dois attendre d'être appelé. Moi j'en ai vraiment marre de tout ça.

Il arrive que le malade se sente prêt et souhaite mourir, peut-être à cause d'une souffrance chronique très pénible ou, comme dans le cas ci-dessus, parce qu'il se sent inutile. Les membres de sa famille et ses amis ne sont pas forcément prêts, eux, à accepter son souhait de partir et ce conflit engendre chez le patient un sentiment de séparation et de solitude. Cette impression peut être intensifiée par la présence de l'équipe médicale qui fait tout son possible pour le garder en vie. Dans ce genre de circonstances, il faut nous ouvrir pour accueillir le ressenti du patient. S'il nous est difficile de soutenir le choix de ce malade, à nous de consulter un ami ou un thérapeute pour travailler sur nos impressions et émotions à ce sujet.

Les étapes du deuil

Les différentes étapes du deuil décrites par Elisabeth Kübler-Ross sont bien connues : la colère, le déni, le marchandage, la dépression, et l'acceptation. Ces étapes éclairent le processus par lequel passe la personne en fin de vie. Dès que le diagnostic de la maladie est connu, l'une des cinq étapes se manifeste chez le patient et chez ses proches. Je me souviens d'être passée par ces cinq étapes en un seul jour. Durant ma seconde année de travail d'accompagnante des mourants à l'hôpital, je suis entrée dans la chambre d'Alexandra, une jeune fille de dix-huit ans, qui se battait contre la montre car elle avait désespérément besoin d'une greffe de poumon. La connexion a été immédiate. J'ai passé trois heures à discuter avec elle, de sa famille, de ce qui se passe après la mort, si le suicide peut se justifier, de ses peurs, de son sentiment d'être isolée, et même des situations ordinaires par lesquelles on passe à l'âge de 18 ans, comme des raisons pour lesquelles son petit copain ne l'appelait pas. Elle m'a raconté comment elle faisait face à cette maladie très grave. Par exemple, quand elle se promenait au centre commercial avec ses amis, elle trouvait des excuses pour s'arrêter parce qu'ils allaient trop vite pour elle. Elle disait : « Regardez ce chemisier ! Et là-bas, ces chaussures ! » Sa spontanéité avec moi était remarquable. Inutile de dire qu'après trois heures de conversation, je me sentais déjà attachée à elle. J'étais touchée par sa force et son courage. Tandis qu'elle parlait, elle se mettait quelquefois à tousser sans pouvoir reprendre sa respiration, et commençait à devenir bleue À un moment, on a dû la relier temporairement à une machine pour qu'elle puisse respirer. Ce spectacle m'a brisé le cœur : je voulais la soulager mais je me sentais totalement impuissante.

J'étais très agitée émotionnellement après cette visite. Dans le train que j'ai pris pour rentrer chez moi, je me suis mise à parler avec Dieu ! Une quantité de sensations très inconfortables surgissaient en moi comme la colère, la confusion et la tristesse. Je me sentais déprimée et désespérée. En cherchant une solution, j'ai commencé à marchander. Je me demandais s'il serait possible que je lui donne un de mes poumons. Mes pensées en engendraient d'autres sans pouvoir s'arrêter.

Toute la nuit, je me suis retournée dans mon lit en passant par toutes les étapes du deuil. Le lendemain matin, après avoir médité pendant un moment, je suis arrivée à un certain degré de clarté et d'acceptation, mais je n'étais pas encore complètement apaisée.

Le jour suivant, quand je suis entrée dans sa chambre, Alexandra n'était pas là et j'ai cru qu'elle était décédée pendant la nuit. J'ai fondu en larmes. Puis, l'infirmière que j'ai questionnée m'a expliqué que la jeune fille était en salle d'opération pour y recevoir la greffe tant attendue : des poumons donnés par une personne qui venait de mourir étaient arrivés par hélicoptère au milieu de la nuit.

Dans cette situation, je n'étais qu'une simple connaissance de la patiente, et pourtant j'avais été si affectée par son histoire que j'avais fait l'expérience des cinq étapes du deuil en une seule journée. Qui peut alors imaginer l'état d'esprit d'une personne en train de mourir ?

Ces étapes se manifestent dans n'importe quel ordre, et chacune d'entre elles peut durer une minute, une journée, un mois ou une année. Il n'y a pas de formule bien définie, ni de schéma précis car chacun réagit différemment à l'approche de la mort. Nous devons nous

souvenir qu'il est tout à fait naturel et com-
préhensible que ces sentiments surgissent chez
la personne en fin de vie et chez ses proches.
Si par exemple nous rendons visite à un ami
mourant et qu'il commence à se plaindre de la
nourriture, de l'incompétence de l'infirmière,
ou même se met à nous critiquer, tâchons de
nous rappeler qu'il ne fait que traverser une
des étapes du deuil, et que c'est sa manière de
manifester sa colère pour l'instant. Ne réagis-
sons pas à son attitude comme s'il s'agissait
d'une attaque personnelle, essayons de ne pas
le juger.

Une personne mourante ou quelqu'un
qui est très proche d'elle, est souvent dans le
déni, un état très complexe du mental. Dans
cet état-là, il est impossible pour le malade ou
ses proches d'accepter l'imminence de la mort
et de s'occuper de mettre les affaires familiales
en ordre, bien que nous puissions penser que

ce serait l'attitude la plus raisonnable, tant socialement, que psychologiquement.

Il arrive que l'attitude de déni du malade affecte les proches, habituellement les enfants, et son refus d'accepter sa mort prochaine crée souvent la même réaction chez les membres de sa famille et ses amis. Certaines personnes ne se sentent jamais prêtes à aborder le sujet de leur mort et elles meurent sans en avoir parlé. Pourtant, ceci ne veut pas forcément dire qu'elles étaient dans le déni. Parfois les gens font tout pour « protéger » leurs enfants ou leur partenaire. Ils ont le droit de décider comment ils vont mourir. Même si cela nous semble malsain ou que nous l'interprètons comme le signe d'une attitude de répression, cela ne nous regarde pas. Quand viendra notre tour, nous pourrons agir comme bon nous semblera.

Certains membres de la famille d'un patient restent quelquefois très longtemps à l'étape du déni après avoir appris que leur femme, leur mari, leur fille ou leur fils est atteint d'une maladie mortelle. Nous pourrions alors être tenté de les pousser à sortir de ce qui nous paraît être un mensonge pour les amener à voir la vérité en face, et regarder la situation telle qu'elle est. Notre patience peut être ainsi mise à l'épreuve tandis que nous écoutons quelqu'un qui refuse de croire que son compagnon est sérieusement malade, particulièrement si ce déni se prolonge pendant des jours, des semaines, voire des mois.

Pourtant le soutien que nous offrons à ce moment-là ne devrait viser aucun but précis. Nous devons nous rappeler que notre rôle n'est pas de trouver des solutions, surtout si notre tendance est de toujours vouloir résoudre les problèmes que nous rencontrons. Si nous avons cette tendance à vouloir résoudre les problèmes, soyons conscient que la gestion d'une situation stressante dans le cadre de l'accompagnement d'un mourant requiert une approche très différente de ce que nous faisons habituellement en d'autres circonstances. À nous d'ajuster notre façon de penser pour comprendre qu'ici, il s'agit moins de *faire* que d'*être*. La contribution la plus efficace que nous puissions apporter pour aider le patient et ses proches est simplement d'être présent face à la confusion et au chagrin, d'accueillir et d'accepter l'autre tel qu'il est, sans vouloir le changer.

Une vérité sous-jacente dont on ne se souvient pas toujours, c'est que personne ne sait vraiment quand quelqu'un va mourir. Nous pouvons croire qu'un malade est sur le point de mourir alors que ce dernier n'a pas la même impression que nous ; nous pensons alors qu'il nie la gravité de son état, mais il est peut-être seulement plus près de la vérité que nous quand il dit qu'il ne sait pas quand il va partir. Il arrive parfois des rémissions des symptômes, des miracles médicaux ou bien des maladies qui se prolongent des années durant. Nous ne pouvons être sûr de rien, même si tout semble indiquer que la fin est proche.

Un ami m'a rapporté une histoire vraie qui illustre ce point : « Un homme a été hospitalisé et toute sa famille pensait qu'il était sur le point de mourir. Mais contre toute attente, c'est sa femme qui a eu soudain une crise cardiaque et qui est morte sur le coup tandis que lui s'est rétabli. »

La visite

« *Les gens veulent vivre pour toujours.*
Personne ne veut mourir. L'idée qu'après
votre mort, le monde continuera sans vous,
vous fait trembler. Le monde continuera
sans vous et tout ce qui est beau va vous
manquer : votre maison, vos amis, votre
femme, vos enfants, les fleurs parfumées
du jardin... Comme la mort est la menace
la plus grande et le coup le plus doulou-
reux pour l'ego, les êtres humains essaient
continuellement d'étouffer et d'oublier
cette peur de la mort en courant après les
plaisirs de ce monde. »

— *Amma*

73

Entrer dans la chambre

Imaginons que nous rendons visite à une personne gravement malade. Avant d'entrer dans la chambre, nous pouvons respirer consciemment deux ou trois fois pour nous recentrer.

Pendant la visite, le coeur du patient et celui de l'accompagnant se rencontrent et un espace sacré se tisse entre eux. La meilleure attitude à avoir pour que chacun profite pleinement de cette rencontre est de se montrer ouvert, sensible et plein de bon sens. Dans cette atmosphère, nous aurons l'opportunité d'apprendre beaucoup à notre sujet. La personne en fin de vie agit souvent comme un miroir, en nous renvoyant le reflet de notre propre peur de tout perdre, notre tristesse, notre négativité et notre envie de « rester aux commandes ». Il est bon d'observer minutieusement nos réactions et de nous poser les questions qui s'imposent après avoir quitté le malade, par exemple :

« Qu'est-il arrivé pour que je ressente à un moment donné cette envie de m'enfuir de la pièce en hurlant ? »

On dit que 93 % de toute communication est non verbale. Aussi, la manière dont nous entrons dans la chambre, dont nous nous asseyons ou notre façon d'entrer en relation avec la personne sont en fait plus importantes que ce que nous disons. Quel genre de message donnons-nous si nous nous asseyons loin du malade, de l'autre côté de la pièce, sur la chaise la plus proche de la porte, si nous n'arrivons pas à regarder le mourant dans les yeux, et persistons à contempler le paysage par la fenêtre ?

Qu'est -ce que notre comportement est en train de dire à l'autre ?

Même si la personne que nous allons voir n'est qu'une vague connaissance, n'hésitons pas à placer notre chaise juste à côté de son lit. Et si c'est confortable pour nous, si cela ne pose pas de problème, (s'il n'y a pas de perfusion attachée au bras du malade par exemple), touchons gentiment sa main. La plupart des patients hospitalisés ne sont pas touchés avec douceur. On les pique, on les tourne et on les examine, mais personne ne leur tient la main ni ne les caresse.

La manière dont Amma a choisi de donner son *darshan* (en serrant les gens dans ses bras) nous montre à quel point être touché est important. Soucieux de la santé physique d'Amma, nombreux sont les dévots qui ont supplié Amma de changer son approche et de se contenter de bénir les gens en plaçant sa main sur leur tête. Mais Amma a refusé, aux dépens de son propre confort. Elle sait que ceux qu'elle embrasse sont affectés positivement, profondément et durablement par son étreinte.

Ne sous-estimons donc pas le pouvoir guérisseur et réconfortant de notre propre toucher, surtout dans le cadre de l'accompagnement des personnes en fin de vie. En toute simplicité nous pouvons demander au malade : « Si je vous tenais la main, vous seriez d'accord ? » ou bien « Vous voulez que je vous masse les pieds ? »

Lors d'une visite, nous ressentirons probablement l'envie de faire quelque chose pour le malade à un moment ou à un autre. Ce désir d'aider est complètement naturel et normal. Il y a des petites choses qu'on peut faire pour que le patient se sente mieux. Bien entendu il faut demander son avis au malade avant de passer à l'action, mais voici quelques suggestions : redresser les oreillers, proposer une gorgée d'eau (si la situation médicale du patient le permet, ce que l'on peut vérifier avec l'infirmière) ou administrer des médicaments, humecter les lèvres avec une petite serviette éponge, faire la lecture à voix haute, proposer un linge humide pour rafraîchir son front, etc. Si le mourant est soigné chez lui, nous pouvons apporter un repas pour le garde-malade ou effectuer une simple tâche comme laver la vaisselle, s'enquérir auprès du garde-malade pour savoir de quoi il ou elle aurait besoin. Ces petites actions nous permettent de nous sentir utile et sont grandement appréciées.

Un éléphant dans la salle à manger

Quand nous entrons dans la chambre d'une personne en fin de vie, nous pensons n'être que deux dans la pièce : le malade et nous. Mais en fait il y a une troisième présence : « c'est l'éléphant dans la salle à manger ». Bien souvent j'ai eu l'occasion d'observer la toute première visite que faisaient des amis ou la famille à un proche venant d'être hospitalisé. Les gens évoquent le temps qu'il fait, échangent des nouvelles, annoncent des résultats sportifs, sans jamais mentionner la raison-même pour laquelle la personne est entrée à l'hôpital. C'est comme si nous trouvions un éléphant dans notre salle à manger et que nous n'en parlions pas, que nous prétendions que tout est normal, comme d'habitude, que rien n'a changé, que rien ne pose problème... Alors, ne soyons pas aussi ridicule avec le patient, n'ayons pas peur de parler honnêtement de son état de santé.

Voici le genre de choses que nous pourrions dire : « Papa, on n'a jamais parlé de la mort. Que crois-tu qu'il se passe à ce moment-là ? » Ou bien : « Marie, qu'est-ce que tu as ressenti quand le docteur t'a annoncé son diagnostic ? » Si cela nous semble trop direct, nous pouvons tout simplement nous asseoir près du lit, regarder le malade dans les yeux et demander : « Comment vas-tu avec tout ce qui arrive ? » Cette simple question lui fera comprendre que nous sommes émotionnellement prêt à aborder le sujet tabou. Si, en guise de réponse, le mourant parle du temps, c'est entièrement son choix et son droit. Il se peut très bien que, dès le lendemain, il se souvienne que nous voulons bien discuter des émotions que sa maladie a fait surgir. Au moins, nous lui avons offert la possibilité d'en parler.

Le mourant peut aussi nous tester pour voir à quel point nous sommes courageux et vérifier si nous sommes digne de sa confiance. Il peut se montrer coléreux, voire hostile, nous faire des reproches sur sa situation, se plaindre d'avoir été hospitalisé par exemple. C'est ce qui m'est arrivé une fois ; mais quand je suis revenue le lendemain, le patient m'a déclaré : « Alors, je ne vous ai pas effrayée en fin de compte ? Je ne pensais pas vous revoir. »

Parfois nous sommes perdu, incapable d'imaginer ce que ressent la personne en fin de vie. Dans ce cas, nous pouvons engager un dialogue à coeur ouvert pour exprimer notre confusion et lui avouer : « Je n'arrive pas à imaginer ce par quoi vous passez en ce moment. Est-ce que vous pourriez me décrire ce que vous vivez ? »

Le patient invisible

« Bien qu'un objet soit juste en face de nous, si nous sommes perdus dans nos pensées, nous ne le voyons pas. Il ne suffit pas d'avoir des yeux pour voir, il faut aussi regarder. »

– Amma

Parfois j'ai l'impression que les malades ont envie de crier : « Regardez-moi ! Écoutez-vous ! Comprenez-moi ! » J'ai observé une quantité de médecins, d'infirmières, et d'assistants hospitaliers pratiquement ignorer les patients. Je crois que cela arrive parce qu'il est très difficile de regarder quelqu'un qui souffre. Et bien sûr, lorsqu'il s'agit d'un proche que nous aimons, c'est encore plus douloureux. Je pense même que cela doit être une des situations les plus pénibles à vivre. Si nous nous surprenons à ignorer un malade parce que nous nous sentons effrayé ou mal à l'aise, nous pouvons immédiatement nous reprendre et lui prêter à nouveau attention. Nous pouvons même lui dire : « Quelquefois c'est très difficile pour moi de vous regarder quand vous souffrez. »

Après la plupart de mes visites, je ressentais l'isolement et la solitude éprouvés par les patients. Dans certains cas, ces sentiments venaient du fait que leur famille n'était pas toujours disponible pour eux, émotionnellement, et dans d'autres cas, comme nous venons de le voir, les patients finissaient par devenir invisibles car ils n'étaient ni regardés, ni écoutés par l'équipe médicale qui les entourait.

Un jour, j'ai rendu visite à Bernard, un adolescent qui était resté complètement paralysé à la suite d'un accident de moto. Il était sur le point de partir en salle d'opération pour une intervention chirurgicale et ses parents se trouvaient également dans la chambre. Une infirmière est entrée et n'a adressé la parole qu'à sa mère, en se penchant vers elle, par-dessus le lit où Bernard était allongé. Quand l'infirmière est sortie, le jeune homme a déclaré : « La prochaine fois qu'une infirmière vient, je préfèrerais qu'elle me parle à moi directement. Est-ce que tu veux bien m'aider à la convaincre de le faire ? » C'était un exemple de communication claire pour demander de l'aide.

Je n'ai passé qu'une heure environ avec Bernard mais nous nous sommes profondément liés. Je comprenais ce qu'il ressentait parce que, moi aussi, j'avais eu un accident de voiture quand j'étais petite. J'avais été paralysée pendant des jours et je m'étais retrouvée au bloc opératoire pour une importante intervention chirurgicale.

84

Lorsqu'on m'a appelée pour me demander d'aller rendre visite à ce garçon, je venais de terminer ma journée de travail et je m'apprêtais à sortir de l'hôpital. Le téléphone a sonné et, sans savoir pourquoi, je suis retournée sur mes pas pour décrocher. L'infirmière qui m'appelait ne savait pas vraiment pourquoi elle le faisait, mais elle ressentait que cet adolescent avait besoin de parler à quelqu'un. Je suis allée la trouver, et elle m'a expliqué la situation du jeune homme plus en détail. Lorsque je lui ai confié que quinze ans plus tôt j'avais été accidentée de la route, et que j'avais connu une période de paralysie suivie d'une opération, la « coïncidence » a fait pleurer l'infirmière ; quant à moi, j'étais persuadée qu'une main invisible m'avait dirigée vers Bernard parce que je pouvais comprendre sa situation.

En principe, il vaut mieux éviter de parler de soi-même quand on rend visite à une personne qui recquiert notre attention. Toutefois si nous sommes passé par une expérience similaire à la sienne, cela peut être bénéfique de le mentionner simplement et brièvement dès le début. C'est étonnant comme le patient change quand nous communiquons avec lui de cette façon. Lorsque j'ai fait allusion à mon accident de voiture, Bernard m'a tout à coup regardée comme si j'étais la seule personne à pouvoir vraiment comprendre son supplice.

En tout cas, même si nous nous sommes trouvé un jour dans une situation similaire à celle d'un malade, il est important de ne pas minimiser ses peurs, ni de vouloir les calmer par des mots vides comme : « Ça va aller, vous allez retrouver votre santé, comme moi. » Souvenons-nous de ce que nous éprouvions alors, notre effroi ou notre solitude... Écoutons-donc le patient avec bienveillance, sans l'interrompre, et continuons à le soutenir moralement à chaque instant.

Notre présence vigilante permettra au

malade de se sentir compris et soutenu lorsque, au moment opportun, nous lui rappellerons que d'autres personnes avant lui ont dû et pu faire face aux mêmes difficultés.

Si nous avons nous-même souffert physiquement ou émotionnellement dans notre vie, nous avons généralement développé notre empathie et notre compassion pour autrui. Lorsque nous côtoyons un mourant, nous apportons avec nous nos propres expériences, et ce sont les moments difficiles, les moments où nous avons souffert qui nous préparent à nous asseoir avec des gens qui sont effrayés ou chagrinés.

Amma nous dit : « Seule une personne qui a connu la faim comprendra les tiraillements d'estomac d'un affamé. Seule une personne qui a porté un lourd fardeau saura estimer l'effort de celui qui doit transporter d'énormes charges. Si chacun de nous le souhaitait, nous pourrions apporter un grand changement dans le monde. Le bienfait de toutes les bonnes actions que nous avons accomplies avec une attitude désintéressée nous reviendra, c'est sûr. »

Écouter

« L'écoute véritable n'est possible que là où l'amour est présent. »

— Amma

Si nous sommes las de parler du temps qu'il fait ou des dernières nouvelles et que nous souhaitons atteindre un niveau relationnel plus profond avec le malade, les deux questions suivantes peuvent nous dépanner si nous ne savons pas par où commencer. Prenons l'exemple d'une femme hospitalisée depuis longtemps ; nous pouvons lui demander ce qui lui manque le plus de sa vie « d'avant ». Sa réponse nous révèlera exactement ce qu'elle ressent au moment présent. Et cette réponse peut nous surprendre. Nous pensions peut-être qu'elle mentionnerait son mari et ses enfants, mais elle pourrait très bien nous parler de jardinage. L'autre question pourrait être : « Avez-vous appris quelquechose sur vous depuis l'annonce de votre maladie ? » Cette question amène le malade à transformer une conversation superficielle en un dialogue plus teinté d'introspection, sans devenir trop intime.

Tout sujet abordé par une personne en fin de vie peut soudainement prendre une signification particulière. Par exemple, un mourant ex-athlète et maintenant limité dans ses mouvements, se met à parler de sport. Ceci peut être une invitation à discuter de tout ce qu'il a perdu dans sa vie. Ce n'est pas du bavardage. Si nous ne faisons pas attention, il se peut que nous manquions l'occasion que le malade nous présente de communiquer plus profondément avec lui.

Le désir d'aider autrui vient d'un endroit très pur à l'intérieur de nous. Mais en fin de compte, nous ne pouvons aider personne à accueillir la mort si nous n'avons pas nous-même surmonté la peur de mourir. Et qui parmi nous peut se vanter d'avoir complètement surmonté cette peur ? Alors la meilleure chose que nous pouvons faire, c'est de simplement nous asseoir aux côtés d'une personne en fin de vie et d'essayer de l'écouter vraiment, sans la juger et sans vouloir changer son expérience. C'est très difficile à faire.

Amma explique qu' « il y a quatre manières d'améliorer l'échange d'idées : la lecture, l'écriture, la parole et l'écoute. Dès l'enfance, nous nous exerçons dans les trois premières disciplines. Cependant, nous ne recevons guère d'entraînement à écouter. C'est la raison pour laquelle peu parmi nous savent écouter. En fait Dieu nous a donné deux oreilles et une bouche. Nous avons besoin d'écouter deux fois plus que nous parlons. Pour le moment nous faisons l'inverse. Nous parlons sans arrêt et ne voulons pas écouter. »

La manière dont nous écoutons les paroles d'un mourant est très importante. Nous devons d'abord tenter d'identifier les émotions que nous devinons derrière les mots prononcés. Ensuite, nous pouvons simplement refléter l'émotion qu'il nous semble avoir reconnue. Il s'agit d'une technique de communication relativement facile une fois que nous en avons pris l'habitude et nous pouvons l'utiliser dans notre vie quotidienne chaque fois que quelqu'un aborde avec nous un sujet qui lui tient à cœur. D'abord, arrêtons ce que nous sommes en train de faire et donnons toute notre attention à notre interlocuteur, écoutons-le avec tout notre être et reflétons ensuite vers lui les émotions que nous avons pensé détecter. Si nous nous trompons, il nous le dira. Il faut faire attention de ne pas chercher à apaiser ou à changer les sentiments de celui avec qui nous parlons. Notre but est d'écouter, d'encourager, pas de juger. Ceci est un point crucial.

Le vocabulaire des émotions

Qu'ils soient en parfaite santé ou en train de mourir, les gens veulent être entendus. Le meilleur moyen d'écouter quelqu'un, c'est d'essayer de repérer les émotions qui se cachent derrière ses mots. Mais la plupart des gens ont un vocabulaire émotionnel extrêmement limité. Le dialogue suivant donne l'exemple d'une patiente issue d'un milieu défavorisé qui ne dispose pas d'un vocabulaire bien riche pour décrire sa vie émotionnelle.

Dialogue n° 4 : Vocabulaire émotionnel limité

Accompagnant : Comment allez-vous ?

Patiente : Ben, c'est dur.

Accompagnant : Qu'est-ce qui est dur ?
(L'accompagnant lui sourit et lui touche le bras.)

Patiente : D'être loin de ma famille.

Accompagnant : Vous vous sentez seule ?

Patiente : Oui

Accompagnant : Qu'est-ce que vous ressentez quand vous êtes séparée de votre famille ?

Patiente : J'aime pas ça.

Accompagnant : Vous pouvez m'en dire un peu plus… ?

Patiente : On est très…proches. On est…droits et … on a des valeurs morales.

Accompagnant : On dirait que vous êtes fière de votre famille.

Patiente : C'est vrai.

Accompagnant : Comment vous vous sentez loin d'eux ?

Patiente : Triste.

Accompagnant : Vous voulez bien me parler de votre famille ?

Patiente : Oui. On s'aime tous beaucoup. Mes enfants sont tous …des gens biens. Je me sens séparée d'eux.

Accompagnant : Vous pensez que c'est à cause de votre hospitalisation ?

Patiente : Non, je sens ça tout le temps. Ce sera … triste quand on sera plus ensemble.

Accompagnant : Vous voulez dire si quelqu'un meurt ?

Patiente : Oui. C'est dur quand quelqu'un meurt.

Accompagnant : Oui, c'est vrai. (Pause)

Est-ce que vous parlez de votre mort à vous ?

Patiente : Oui.

Accompagnant : Qu'est-ce qui sera dur à votre mort ?

Patiente : Je vais les quitter… Je pense pas que je peux les quitter.

Accompagnant : Ils vous manquent beaucoup quand vous n'êtes pas avec eux.

Patiente : Oui. On est si proches… On s'aime tous.

Accompagnant : Comment vous vous sentez quand vous pensez à votre mort ? (L'accompagnant caresse gentiment le front de la malade.)

Patiente : Triste.

Quand le malade a des difficultés à parler de ce qu'il ressent, il vaut mieux éviter de lui poser des questions auxquelles il aurait à répondre seulement par « oui » ou « non », parce que ce genre de questions n'encourage pas à élaborer une réponse, ni à décrire quoi que ce soit, surtout si notre interlocuteur dispose d'un vocubalaire émotionnel limité. Et nous aurions rapidement l'impression d'être un journaliste qui mitraille de questions celui qu'il interviewe.

Tout en écoutant attentivement notre ami, tâchons de repérer quels sont les besoins qu'il exprime. Il peut s'agir de besoins immédiats comme de boire de l'eau, ou bien de besoins émotionnels comme de se trouver dans un lieu paisible où il puisse pleurer. Tout au long de ce processus, demandons-nous comment nous pouvons l'aider à satisfaire tel ou tel besoin.

Nous pouvons aussi refléter ce que nous entendons. La seule chose qu'on attend de nous, c'est que nous écoutions sans juger et que nous donnions toute notre attention au malade. Nous n'allons pas faire disparaître toute la souffrance, et nous n'allons pas résoudre tous les problèmes du patient. Mais lorsque nous répétons au malade ce que nous avons compris et le renvoyons à ce qu'il vient d'exprimer, il se sent compris. Ce besoin d'être compris est très profondément enraciné en nous. Et quand ce besoin est nourri, cela apporte beaucoup de réconfort et d'assurance.

Se centrer sur le malade

« *Amma souhaite fortement que tous ses enfants deviennent si purs qu'ils répandent la lumière et l'amour sur tous ceux qu'ils rencontrent. Le monde a besoin d'exemples vivants, pas de prêcheurs.* »

– Amma

Lorsque nous sommes en compagnie d'une personne en fin de vie, évitons de prêcher, de faire des sermons, ou de défendre nos croyances. Nos exercices spirituels et nos idées sont pour nous-mêmes, pour nous soutenir avant et après notre rendez-vous avec le mourant. Ce sont nos pratiques et nos convictions qui nous permettent de donner un sens à la souffrance et d'en supporter le spectacle.

Évitons par exemple d'affirmer à une personne qui souffre des choses du genre « Vous n'êtes pas votre corps », ou « Tout est la grâce de Dieu », « C'est votre karma ». Quand on dit des choses pareilles, on entend pratiquement l'autre penser en retour « Facile à dire, ce n'est pas vous qui avez à affronter ma situation. »

Bien que nous puissions être persuadé de la véracité de nos impressions et que nous voulions les partager avec la meilleure des intentions, ce genre de commentaires ne fait qu'accentuer la sensation de séparation du malade. Nous ne partageons pas forcément avec le patient la même foi, ni le même arrière-plan religieux, aussi, ne supposons pas qu'il pense en tout comme nous. Nous avons chacun une relation unique avec la vie, et une philosophie personnelle des sujets délicats comme la maladie et la mort.

Si le patient que nous fréquentons nous demande sincèrement ce que nous croyons, nous pouvons nous permettre d'exprimer librement notre façon de voir les choses. Il est recommandé de demander ensuite au malade de livrer ses croyances à lui. On ne sait jamais si le mourant a envie d'entendre exposer une perspective différente de la sienne. En fait, aborder d'autres points de vue et discuter de la position du patient peut amener ce dernier à voir clairement les idées les plus bénéfiques concernant sa situation.

Il est important de discuter « ici et maintenant », de demander au malade comment il va, ce qu'il éprouve..., et d'essayer de rester dans le présent. Nous pouvons lui demander « Qu'est-ce qui est le plus pénible à vivre dans cette situation pour vous, maintenant ? » Évitons de commencer une conversation par « Alors, ça ressemblait à quoi de grandir dans le Poitou des années soixante ? » La première question mentionnée s'intéresse aux sentiments éprouvés par le malade maintenant, dans le présent, alors qu'interroger le malade sur les années soixante donnerait trop d'importance au passé.

Par contre, si la personne atteinte d'un cancer prend elle-même l'initiative de la conversation en nous disant « Depuis une semaine, je n'arrête pas de penser à ma tante Armelle de Bretagne », la situation est différente. À nous de continuer : « Ah bon ? Est-ce une personne que vous appréciez tout spécialement ? » Alors il se peut que nous apprenions que sa tante est morte d'un cancer. La différence dans ce cas, c'est que c'est le patient lui-même qui aborde un sujet apparemment sans lien avec le présent. Et quel que soit le sujet choisi par le malade, nous devons laisser ce dernier le poursuivre et développer ses idées. Au fil des expériences que nous vivons au contact des mourants, notre capacité d'écoute s'améliore généralement : nous devenons plus attentif et plus sincère.

Si nous observons comment Amma s'y prend pour aider les gens, nous remarquons qu'elle ne s'occupe jamais d'elle-même. Elle dirige toujours son attention sur la personne qui se trouve en face d'elle.

En fait, Amma explique que dans une certaine mesure, elle sert de miroir et reflète les émotions et l'état mental des différentes personnes qui viennent au *darshan*.

Si les gens sont tristes, elle leur renvoie l'image de leur chagrin. S'ils sont heureux, elle reflète leur joie. En comprenant leurs émotions et en les reflétant, Amma leur donne le sentiment puissant qu'ils sont soutenus : enfin quelqu'un les connaît de l'intérieur et les comprend ! Ils retirent un réconfort immense et une grande force de cette sensation d'être compris.

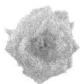

Dans la chambre

« *Mes enfants, apprenez à vous détendre en toutes circonstances. Quoi que vous fassiez et où que vous soyez, détendez-vous et vous verrez comme c'est puissant. L'art de la relaxation fait surgir le pouvoir qui existe en vous et vous permet de faire l'expérience de vos capacités illimitées. C'est l'art de tranquilliser le mental et de concentrer toute votre énergie sur le travail que vous êtes en train de faire, quel qu'il soit. Ainsi il vous devient possible d'exprimer complètement votre potentiel. Une fois que vous apprenez à vous détendre, tout arrive spontanément et sans effort.* »

– Amma

Pourquoi est-ce si important d'être conscient des différences qui existent entre les patients hommes et les patients femmes, des changements liés à une maladie grave, de la possibilité que le malade se mette en colère...? C'est parce que plus nous comprenons la situation du mourant, plus nous serons détendu lorsque nous irons lui rendre visite. Une personne détendue et paisible aide son entourage à se relaxer et se calmer. Alors, plus nous serons tranquille, plus la personne que nous allons voir se sentira détendue. Ce qui aura certainement un effet positif. Une des raisons pour lesquelles nous ressentons une telle paix en présence de saints comme Amma, c'est la profondeur de leur sérénité. Leur esprit est si profondément paisible que cette paix a un puissant effet contagieux. Elle crée un effet similaire sur nos pensées qui s'alignent sur la fréquence vibratoire de la paix.

Jusqu'à quel point nous sentons-nous à l'aise en compagnie d'une personne silencieuse ? Cette question est pertinente car les moments silencieux sont nombreux en présence d'un grand malade : un jour il se sent trop faible pour parler, un autre jour il se trouve plus pensif ou plus intériorisé qu'à l'ordinaire.

En fait nous parlons généralement seulement pour remplir le silence. Dans l'atmosphère silencieuse autour d'un mourant, nous comprendrons mieux la valeur de l'enseignement d'Amma au sujet du silence : « Mes enfants, parlez moins, parlez seulement quand c'est absolument nécessaire. Lorsque vous prononcez un mot, faites-le avec une grande attention car un chercheur spirituel ou un dévot ne devrait rien dire de futile, pas même un mot. »

Prendre du temps pour rester seul nous aide à nous sentir plus à l'aise dans le silence. Cela ne veut pas dire que nous devons aller vivre en ermite dans la forêt. Nous pouvons nous exercer dans une bibliothèque par exemple, car c'est un lieu où beaucoup de gens respectent le silence. Nous pouvons aussi faire une longue marche tout seul, ...sans téléphone portable. Ces exercices nous préparent non seulement à bien gérer les moments de silence auprès des patients, mais également à accepter ceux que nous vivrons dans notre propre futur, car lorsque nous vieillirons ou que nous tomberons malade, notre interaction avec le monde diminuera elle-aussi. Si nous ne sommes pas habitué à rester sans distraction, mais seulement avec notre corps et nos pensées, nous nous sentirons seul, apeuré ou déprimé plus tard.

Quand nous entendons les autres parler de leurs problèmes, nous avons souvent tendance à vouloir immédiatement leur proposer des solutions, avant même qu'ils ne nous en demandent. Écouter patiemment, sans interrompre, est une merveilleuse forme d'autodiscipline, un exercice de maîtrise de soi. En général, notre tendance est de constamment commenter, ou pire, d'entrer en compétition avec notre interlocuteur, en nous empressant de lui raconter comment notre expérience est plus importante ou meilleure que la sienne.

Jusqu'à quel point nous sentons-nous à l'aise avec une personne qui pleure ? Une de mes amies a été confrontée à ce problème : elle était assise aux côtés d'une femme en fin de vie qu'elle connaissait bien, quand soudainement, la mourante s'est mise à sangloter. Au lieu de simplement la laisser verser ses larmes en paix, mon amie a essayé de la consoler et lui a demandé immédiatement : « Pourquoi est-ce que tu pleures ? » Mais sa question était trop abrupte ; la malade a aussitôt séché ses yeux et n'a pas répondu. Si quelqu'un commence à pleurer au milieu d'une conversation, nous pouvons lui dire quelque chose comme : « J'ai l'impression que tout cela te remue beaucoup. Tu as envie d'en parler ? » Peut-être que la personne n'aura pas envie d'en parler. Elle aura la possibilité de nous dire « non » et de continuer à pleurer car nous lui aurons montré que nous acceptons cette démonstration de son émotion. Notre travail est de rester paisiblement avec celui qui pleure, juste d'être là avec lui.

N'essayons pas de jouer au sage, ni de nous forcer à trouver les paroles qui correspondent exactement aux circonstances. C'est impossible. Contentons-nous de venir avec le cœur ouvert, disponible à la réalité de l'autre. Si telle est notre intention, le patient perçoit notre bienveillance. Ne jouons pas au « sauveur ». N'espérons pas entendre de compliments qui vanteraient la bonne influence que nos visites ont sur l'humeur du malade. Si nous ne devinons pas les besoins du mourant, essayons de nous mettre à sa place et demandons-nous : « Si je me trouvais dans sa situation, de quoi aurais-je besoin de la part d'un ami en cet instant précis ? »

L'espoir ressenti par un malade varie avec le temps. Au début, la majorité des malades espèrent que le médecin a fait une erreur de diagnostic. Puis ils espèrent que le traitement va les guérir. Ou bien ils espèrent que le conjoint qui reste seul à la maison avec les enfants saura se débrouiller. Finalement, certains d'entre-eux espèrent mourir vite. Au lieu de supposer que le patient n'a plus aucun espoir, nous pouvons lui demander : « Qu'espérez-vous pour aujourd'hui ? » Cette question nous ramène dans le présent. Nous pouvons alors parler des espoirs possibles pour le moment, quitter le futur imaginé et irréel pour revenir à la réalité concrète et au potentiel contenu dans l'instant que l'on vit.

Il y a un autre aspect de l'espoir à envisager dans l'accompagnement du patient : les gens qui souffrent d'une maladie, surtout si elle est longue, doivent parfois faire de gros efforts pour garder le moral. La dépression peut insidieusement et lentement affecter leur quotidien. Nos visites peuvent les aider à sentir qu'ils continuent à participer à la vie et les inspirer subtilement à garder l'espoir, au moins pour ce jour-là.

La culpabilité

« *Ne réagissez pas au passé. Réagir implique force et aggressivité. La réaction provoque plus d'agitation dans le mental et la pensée précise que vous tentez d'oublier va revenir en force. Réagir, c'est combattre. Combattre les blessures du passé ne fera qu'approfondir ces blessures. La relaxation est la méthode qui guérit les blessures du passé, pas la réaction.* »

« *Le simple fait de comprendre que vous avez mal agi vous a libéré de votre mauvaise action. Vous avez déjà été pardonné. La peine que vous avez eue est plus que suffisante pour laver votre erreur. Toute faute*

est lavée par les larmes de repentance...
À partir de maintenant, vous ne devez
plus porter ce fardeau dans votre mental.
Oubliez-le et soyez en paix. »

– Amma

Un grand malade dispose de beaucoup de temps pour penser au passé. Quelquefois la culpabilité ou les regrets apparaissent dans sa conscience. Il peut ressentir le besoin d'exprimer ces regrets et même d'avouer quelque mauvaise action ou de divulguer un secret qu'il a gardé pendant très longtemps. Généralement le patient souhaite simplement qu'on l'écoute et qu'on devienne le témoin de son histoire. Si par exemple il se sent coupable d'avoir fait, il y a vingt ans, quelque chose qu'il regrette maintenant, nous pouvons lui demander : « À l'époque, et vu les circonstances dans lesquelles vous vous trouviez, avez-vous fait de votre mieux pour faire face à la situation ? » Habituellement le malade réalise qu'en effet,

il a fait du mieux qu'il pouvait. Cette compréhension lui permet de se pardonner. Ouvrons
tout grand notre coeur afin d'écouter ce qui
peut se révéler très douloureux pour le patient.

Des questions de type religieux apparaissent aussi dans le sillage d'une maladie
fatale. Bien souvent, dès qu'il comprend qu'il
ne peut pas guérir, le malade se demande ce
qu'il a fait pour mériter ça, ou bien si Dieu
est en colère contre lui. S'il veut notre avis
(« Pourquoi est-ce que Dieu me punit ? »),
à nous de commencer une conversation à ce
sujet en l'interrogeant : « Pouvez-vous m'en
dire plus sur votre relation avec Dieu ? »

Comme le montre le prochain dialogue,
la culpabilité se manifeste de multiples façons.
Un mourant peut avoir l'impression que sa
relation avec Dieu est testée, ou bien qu'il ne
peut pas s'exprimer librement devant la personne qui prend soin de lui, ou qu'il est devenu
un fardeau pour les gens qu'il aime...

Dialogue n° 5 : La culpabilité et les questions religieuses

Accompagnant : Bonjour.

Patiente : *(à son mari)* Robert, tu veux bien sortir faire un tour le temps qu'on discute ?

Accompagnant : Comment allez-vous, Rose ?

Patiente : Eh bien j'ai eu trois opérations maintenant. Ça a été dur. J'ai bien failli abandonner plusieurs fois. J'ai vraiment prié. À certains moments, j'ai perdu ma confiance en Dieu. Maintenant, on dirait que je vais mieux, alors je me sens mal de ne pas avoir cru que Dieu était avec moi ou qu'Il ne m'écoutait pas.

Accompagnant : Dans ces moments difficiles, vous vous êtes sentie découragée et même en colère contre Dieu ?

Patiente : Oui. *(pause)* Je ne pourrais

jamais dire ça devant ma mère ! Elle est très pieuse. Elle répète tout le temps : « Dieu prend soin de tout. »

Accompagnant : Et parfois, ça ne vous semble pas vrai ?

Patiente : Ça m'arrive de douter. (*pause*) Mais elle, elle a une foi parfaite.

Accompagnant : Ça ressemble à quoi une foi parfaite ?

Patiente : Hmm... je pense qu'on ne s'inquiète jamais de rien, on accepte tout ce qui nous arrive. (*elle rit*) Vous avez raison. Je crois que personne n'a une foi parfaite.

(*Longue pause. Les deux restent en silence. Le visage de la patiente s'assombrit.*)

Accompagnant : Vous vous sentez triste là, maintenant ?

Patiente : (*elle éclate en sanglots*) Oui.

Accompagnant : (*après un moment*) Qu'est-ce qui vous rend triste ?

Patiente : Ma famille, les enfants, Robert... Je me sens tellement mal quand je pense par quoi ils doivent passer ! Ils s'inquiètent tellement, ils me téléphonent tout le temps. Il est un si bon mari ! On ne peut pas avoir un meilleur mari ! Il ne se plaint jamais. Ils sont tous si merveilleux !

Accompagnant : Vous avez l'impression d'être un fardeau pour eux ?

Patiente : Oui. Normalement, c'est moi qui m'occupe de tout le monde.

Accompagnant : On dirait que ce changement de rôle n'est pas confortable pour vous.

Patiente : Oui, c'est tout à fait ça.

Accompagnant : Vous avez du mal à demander de l'aide ?

Patiente : Oui. Je n'ai jamais rien demandé avant mon hospitalisation. Vous vous souvenez, j'ai dû prendre soin de ma mère. Alors, je sais bien que ça peut être dur de s'occuper de quelqu'un.

Accompagnant : Et vous voudriez épargner ces difficultés à votre famille ?

Patiente : Oui, mais maintenant j'ai besoin d'aide.

Accompagnant : Maintenant il vous faut recevoir au lieu de donner. Ce n'est pas facile pour vous, n'est-ce pas ?

Patiente : Oui, c'est difficile.

Dès le début de la conversation, la patiente décrit sa situation. Elle a eu trois interventions chirurgicales, ce qui constitue déjà une expérience traumatisante en soi. Lorsque quelqu'un nous parle d'une situation pareille, nous devons vraiment nous intérioriser et nous demander : « Comment je me sentirais, moi, après trois opérations ? » Remarquons aussi que l'accompagnant ne parle jamais de ses croyances personnelles, mais qu'au contraire il pose des questions qui permettent à la patiente de verbaliser ce qu'elle éprouve concernant son mari, sa foi religieuse, son espoir, sa tristesse, son changement de vie, son sentiment d'être un fardeau pour les autres...

Mettre de l'ordre
dans nos affaires

À la différence d'un décès inattendu, savoir que nous allons mourir bientôt est un cadeau qui nous est fait, même si le chagrin est là lui-aussi. Lorsque les gens meurent soudainement, ils n'ont pas l'occasion de dire au revoir à qui que ce soit ; cette situation est évitée quand un malade peut se préparer à mourir. Il y a généralement cinq choses qu'une personne en fin de vie souhaite entendre :

« Merci. »

« S'il vous plaît, pardonnez-moi. »

« Je vous pardonne. »

« Je vous aime. »

et « Au revoir. »

Chacun exprime ces sentiments à sa manière. Pour certains, ces cinq choses seront dites au cours d'une seule conversation qui sera l'unique chance de les exprimer.

Lorsque nous faisons face à ce type de conversation, tâchons de la vivre avec un esprit positif. La personne en fin de vie peut mentionner une faute qu'elle a commise dans le passé, ou une action qui nous aurait blessé et qu'elle regrette. C'est sa manière de présenter ses excuses. Ne l'interrompons-pas en disant « C'est bon, j'ai déjà oublié tout ça. » Laissons-la s'exprimer. Écoutons-la tout simplement. Et quand elle a fini, s'il nous semble que c'est approprié, nous pouvons dire : « Je vous pardonne pour telle ou telle chose. »

Essayons de ne pas rappeler à sa mémoire des souvenirs pénibles. Célébrons plutôt sa vie, parlons de ses talents et de ses succès. Nous voulons que le patient soit satisfait de sa vie et qu'il puisse partir libéré de toute culpabilité ou émotion négative. Rappeler à un malade ou à un mourant ses qualités, c'est comme arroser une plante. Nous aidons son coeur à s'épanouir. Sinon, la négativité pourrait le submerger, le plonger dans la dépression, la tristesse ou les regrets.

Mère Thérésa raconte une histoire qui révèle l'importance du pardon pour une personne en fin de vie : « Nous avons été créés pour aimer et être aimés. Un jeune homme était mourant, mais luttait depuis trois ou quatre jours pour prolonger sa vie. Une Soeur lui a demandé pourquoi il continuait cette bataille. Il a répondu qu'il ne pouvait pas mourir sans demander pardon à son père. Quand son père est arrivé, le jeune homme l'a embrassé et lui a demandé pardon. Deux heures plus tard, il est mort paisiblement. »

Après le décès de sa grand-tante, une amie m'a rapporté ce qui suit :

« J'étais très proche de ma grand-tante mais je ne l'avais pas vue depuis très longtemps car elle habitait dans une ferme en Afrique et moi, je vivais aux États-Unis. Elle souffrait d'un emphysème, après avoir fumé pendant des années. Je lui ai écris un jour que chaque fois que j'entendais roucouler une tourterelle, je pensais à elle et aux meilleurs souvenirs de mon enfance, parce qu'il y avait beaucoup de tourterelles dans sa ferme.

Or, plusieurs mois plus tard, j'étais assise dans mon appartement quand j'ai entendu un bruit à la fenêtre. Une tourterelle roucoulait et faisait claquer ses ailes. J'ai écarté tout doucement le rideau : elle faisait du sur-place, à quelques centimètres de la fenêtre, en agitant vigoureusement les ailes pour se maintenir dans la même position. J'ai été surprise car je ne n'avais jamais remarqué de tourterelle dans mon quartier. L'instant suivant, le téléphone sonnait et on m'annonçait que ma grand-tante venait de mourir.

J'étais profondément triste, mais trois jours plus tard, j'ai fait un rêve qui m'a apaisée. Je me trouvais quelquepart à la campagne, sur une petite route sablonneuse, entre des champs verdoyants magnifiques et des arbres au feuillage superbe. Je me tenais sur le bord de la route et ma grand-tante était assise à l'arrière d'une voiture qui allait partir. J'ai dit à ma grand-tante que je l'aimais. Comme la voiture s'éloignait, ma grand-tante m'a regardée par la vitre-arrière et a articulé les mots « Je t'aime. »

Si nous n'avons pas pu être présent avec quelqu'un au moment de sa mort, un rêve comme celui-là pourrait signifier que le défunt vient nous voir de la seule manière qui lui soit devenue possible.

Élaborer un plan

Plus nous sommes attaché à un malade, plus notre plan sera élaboré. Supposons que nous sommes en voiture et que nous nous rendons à l'hôpital pour rendre une seconde visite à notre soeur. Sur la route nous pensons « Je me souviens comme l'air était irrespirable dans cette chambre, on étouffait ! Il faudra que j'ouvre les rideaux et les fenêtres. Et j'allumerai quelques bâtons d'encens. Et je vais lui faire écouter cet admirable concert de musique classique. Je lui lirai un passage des Écritures et je vais lui masser les pieds. Je lui apporte un superbe bouquet de roses... »

Toutes ces idées sont merveilleuses, mais nous n'avons pas conscience que les traitements ont rendu notre soeur très sensible à la lumière et aux odeurs. Elle préfère les Beatles et Led Zeppelin à la musique classique. Elle est allergique aux fleurs et elle aimerait bien lire les derniers potins concernant les stars de cinéma dans un magazine féminin parce qu'elle se sent complètement isolée du monde et de ce qui s'y passe. C'est pourquoi nous devons toujours demander, demander, demander, ce que le malade souhaite.

Généralement, plus le patient nous est familier, moins nous pensons à lui demander son avis. Nous nous sentons en quelque sorte plus libre de lui imposer nos préférences. Souvenons-nous qu'une personne en fin de vie ne peut plus contrôler grand chose dans son existence quotidienne. À nous de lui offrir le maximum de liberté et le pouvoir de faire ses propres choix aussi souvent que possible.

Si nous agaçons le malade avec nos façons d'organiser sa vie, il ne peut pas s'enfuir pour échapper à notre présence envahissante.

Le simple fait qu'il soit obligé de rester au lit le place à la merci d'autrui. Si nous entrons dans sa chambre et, que sans rien lui demander, nous faisons des choses que nous supposons qu'il souhaite nous voir faire, nous lui ôtons tout son pouvoir. Nous augmentons son sentiment d'être piégé et sans possibilité d'échappatoire.

Quand je prenais soin de mon père, j'ai souvent eu des plans en tête, et des idées toutes faites. Les médecins avaient diagnostiqué un cancer des poumons à un stade qui n'était plus opérable. Il avait quarante-neuf ans. Comme sa tumeur reposait sur un nerf, il devait prendre des anti-douleurs très puissants. Il me semblait qu'il avait besoin d'augmenter sa dose pratiquement chaque jour. Cela me tracassait beaucoup parce qu'il avait été dépendant à l'alcool et je redoutais qu'il devienne dépendant aux médicaments anti-douleur.

Maintenant avec du recul, je vois bien que j'étais également effrayée de perdre le père que j'avais toujours connu, bien que je n'étais pas entièrement consciente de ma peur à l'époque. Je voyais se faner sa vive intelligence, son sens de l'humour et son attitude constamment positive. Graduellement disparaissait la personnalité à laquelle j'étais si attachée. Je n'étais pas prête à le laisser partir.

Un jour, alors que je prenais soin de lui depuis deux mois, il a voulu ses médicaments et j'ai pensé « Au lieu de lui donner trois cachets de morphine, je ne lui en donnerai que deux et j'y ajouterai un innoffensif cachet de vitamine C. » Quand je les lui ai apportés, il a immédiatement remarqué ce que j'avais fait. Il m'a regardé et m'a demandé : « Qu'est-ce que tu fabriques ? Tu crois que j'avale toutes ces pilules pour mon plaisir ? » Nous nous sommes mis à pleurer tous les deux.

Cette anecdote illustre à quel point notre attachement peut nous aveugler. Chaque fois que nous supposons que nous savons ce qu'il faudrait faire pour améliorer la situation du malade, ou que nous assumons que nous agissons pour son bien, il est indispensable d'examiner soigneusement notre motivation. Le geste que j'avais fait avec mon père était en fait très égoïste et résultait de mon incapacité à accepter sa détérioration rapide. Je n'étais pas prête à le perdre.

Dès que le diagnostic est connu, l'idéal serait de parler avec le patient et de lui demander : « Comment puis-je vous aider à vivre cette situation le plus confortablement possible ? » ou bien « Avez-vous besoin de rester tout seul pendant un moment chaque jour et si oui, pendant combien de temps ? » Notons avec grande attention quelles sont les préférences des malades que nous accompagnons et leurs habitudes. Sont-ils entourés de livres ou bien préfèrent-ils passer tout leur temps à téléphoner ? Et une fois encore, j'insiste : tout au long de la maladie, nous aurons à nous adresser clairement et directement au patient pour savoir ce qu'il veut.

Beaucoup de gens, de confessions différentes, pensent qu'il est important de se souvenir de Dieu ou du maître spirituel au moment de la mort. Si notre ami en fin de vie appartient à une foi particulière, ou s'il est un dévot, demandons-lui ce qu'il souhaite exactement, et particulièrement au moment où il partira de ce monde. Comment pourrait-on l'aider à se rappeler de Dieu le plus facilement ? Quelles sont ses habitudes de méditation ou de pratique spirituelle quotidienne ?

Les choses à faire et à éviter

Nous devons éviter à tout prix les formules du genre « Ne vous en faites-pas, tout va bien se passer » ou « Il y a toujours un bon côté à tout. »

Je me souviens avoir été une nuit dans la salle des urgences à la suite d'un accident de la route, pour m'occuper de plusieurs enfants qui avaient été les passagers de trois voitures entrées en collision. Quatre jeunes garçons venaient de voir leur mère mourir après qu'elle ait été projetée à travers le pare-brise. Je tentais de réconforter un enfant de onze ans, simplement en le serrant dans mes bras pendant qu'il pleurait. À un moment donné, je lui ai murmuré : « Ça va aller. » Il m'a repoussée, s'est écarté de moi, m'a regardé droit dans les yeux et il a répondu : « Non, ça ne va pas aller ». Après une pause, je lui ai dit : « Tu as raison, ça ne sera plus jamais comme avant et ça ne va pas être facile. »

C'est ce garçon de onze ans qui m'a appris à ne pas prononcer des paroles si vides, si indélicates et si fausses. Si quelqu'un se confie à nous et nous chuchote « J'ai peur » et que franchement nous ne savons pas quoi lui répondre parce qu'en vérité nous sommes tout autant effrayé, répondons-lui honnêtement « Moi aussi j'ai peur ». La sincérité crée un lien entre deux personnes.

Habituellement, le mieux que nous puissions faire, c'est de ne pas donner de conseil. Cependant, si notre ami doit prendre une décision importante concernant sa santé ou son traitement et qu'il est lucide (capable de faire un choix), il est important d'envisager avec lui les diverses options offertes.

Admettons que le patient nous dise « Je suis épuisé. Ça fait deux ans que je me bats. Le cancer est revenu. Je ne suis pas sûr de pouvoir en supporter plus, mais mon docteur veut que je refasse des séances de chimiothérapie. » Nous pouvons suggérer : « Il semble que vous ayez une décision difficile à trancher. Dans votre vie, quand vous avez eu des décisions difficiles à prendre, comment faisiez-vous ? » Supposons que le malade nous réponde : « Je priais et je restais tranquille pendant longtemps » ou bien « J'en parlais avec mon meilleur ami. », nous pouvons l'encourager à adopter la même stratégie maintenant. De cette façon nous arrivons ensemble, le patient et nous, à trouver une solution. Nous ne nous permettons pas de lui dire ce qu'il doit faire.

Créer une connexion

*« Mes enfants, cette compassion que vous
éprouvez pour ceux qui souffrent, cette
compassion elle-même les soulagera ; et elle
ouvrira également votre coeur. Ressentez la
souffrance des autres. »*

— Amma

Nous pouvons être appelé au chevet d'un mourant avec qui nous n'avons rien en commun ;
un frère, une soeur, notre mère ou notre père,
ou quelqu'un loin de qui nous aurions grandi
et qui serait soudain atteint d'une maladie
inguérissable.

J'ai rendu visite un jour à une dame,

Diane, qui avait désespérement besoin d'une greffe du foie. Elle avait fait une cure de désintoxication après avoir pris de l'héroine pendant des années. Dès que j'ai engagé la conversation, elle a éclaté en sanglots. Elle était désespérée parce qu'elle ne pouvait plus voir ses chats. Ils transportaient trop de microbes, ce qui était dangereux pour son système immunitaire affaibli. Elle ne pouvait donc plus rester chez elle. Franchement, cela n'a pas été facile pour moi, car cette patiente n'a parlé que de ses chats pendant près d'une heure et que, personnellement, je n'apprécie pas particulièrement les chats. Mais je l'ai écoutée, et j'ai appris que ses grands-parents, qu'elle adorait et qui l'avaient élévée, avaient eu eux-aussi des chats. Si bien que pour elle, les chats symbolisaient l'amour. Elle n'avait personne à aimer dans sa vie, à part ses chats, alors cette séparation lui brisait le coeur.

J'ai aussi côtoyé un vétéran de la guerre

du Vietnam. Il s'appelait Richard. Il était passionné de courses de voiture et il possédait une Harley Davidson. Sa seule manière de rencontrer les autres, c'était de jouer une fois par mois au poker avec quelques amis. Je n'avais absolument rien de commun avec cet homme. Je n'avais jamais assisté à une course de voiture, et franchement, Richard me faisait peur. Mais j'avais remarqué que personne ne lui rendait visite et cela m'a poussée à aller frapper à sa porte. Je savais bien que si je voulais l'aider, je devais trouver un moyen de créer une connexion avec lui.

Après deux ou trois visites, durant lesquelles j'avais glané quelques informations à son sujet, je suis allée au centre de documentation réservé au personnel de l'hôpital et j'y ai emprunté deux numéros de « Moto et Mécanique », quelques mensuels pour les amateurs de voitures de course et un jeu de cartes. Quand je suis retournée voir Richard, je lui ai apporté les magazines et nous avons joué au poker. Avec Richard, c'était la meilleure façon que j'avais trouvée pour entrer en relation avec lui et lui offrir un peu de réconfort. Au contact des malades, nous devons parfois changer nos concepts et élargir notre compréhension de ce qui est défini comme spirituel. Apporter à un patient des extraits des Écritures ou de la musique sacrée n'est pas forcément ce qui va l'aider. Souvenons-nous que nous sommes là pour l'autre, pas pour nous.

Encore une fois, Amma illustre parfaitement cette qualité qui consiste à savoir s'effacer devant autrui. Elle accueille chaque être en se positionnant là où il en est. Si elle rencontre des étudiants, elle se transforme en étudiante, et entre en relation avec eux, à leur niveau, sans jamais rabaisser leurs intérêts ni leurs questionnements. Elle fait la même chose avec les Indiens, les Occidentaux, les chefs de famille, les moines, les enfants, ceux qui ont une carrière professionnelle ou ceux qui vivent dans la rue : sans effort et spontanément, elle crée la connexion avec eux en leur faisant sentir qu'elle leur appartient et qu'elle les comprend, quelle que soit la langue qu'ils parlent ou la culture dont ils sont issus.

Les signes

Parfois, celui qui va mourir nous envoie des messages symboliques. Par exemple, il nous dit : « Cette nuit, j'ai rêvé que je faisais mes valises pour partir en voyage, mais je n'arrivais plus à retrouver mon passeport. » Même s'il n'en est pas lui-même conscient, cela pourrait être un signe qu'il essaie de nous donner pour nous indiquer qu'il se prépare à quitter cette Terre. Nous pouvons saisir cette occasion pour lui demander : « Que veut dire ce rêve, d'après vous ? » Si, en nous racontant son rêve, le patient désirait en vérité avoir une conversation sur la mort sans savoir comment aborder

140

le sujet, notre question pourrait amorcer cette discussion.

Élisabeth Kubler-Ross explique : « Il est important d'apprendre le langage symbolique utilisé par les patients quand ils se sentent submergés par leur épreuve et ne sont pas encore prêts à parler ouvertement de la mort. Ils utilisent parfois un langage caché quand ils ne sont pas sûrs de la réaction de leur entourage, ou lorsqu'ils redoutent de provoquer plus de peur et d'angoisse chez les membres de leur famille que ce qu'ils ressentent eux-mêmes. »

Pour nous aider à mieux tirer profit de toutes les occasions de conversation importante qui se présentent au contact d'un patient en fin de vie, partons du principe que lorsque nous le quittons, nous ne savons pas si nous le reverrons vivant.

Un jour, je suis passée voir un patient nommé José. Il était originaire d'Amérique Latine et il avait à la fois le sida, une leucémie et une cirrhose du foie. Cela faisait trois ou quatre fois que je lui rendais visite, et nous avions ensemble une bonne relation.

Bien qu'il ait été placé au service des urgences, je l'ai trouvé cette fois-là, assis, en train de manger en compagnie d'un ami. Comme il avait un visiteur, je ne suis pas restée longtemps. Et quand je me suis dirigée vers la porte pour partir, il m'a dit « Je vous aime. » Nous ne nous connaissions pas depuis longtemps, alors, cela semblait un peu bizarre. Je me suis juste retournée, je lui ai souri et je suis partie. Il est mort pendant la nuit suivante.

En y réfléchissant, j'ai réalisé qu'il avait essayé de me dire adieu. J'aurais dû revenir sur mes pas, m'approcher du lit, prendre sa main et lui dire « Je vous aime aussi. Au revoir. » En fait, c'est moi qui ai perdu quelque chose en ne comprenant pas son signe. J'ai laissé échapper une occasion qui ne se représenterait jamais, celle d'être là pour une personne magnifique avec qui j'aimais communiquer. Ne supposons donc pas qu'il y aura une autre visite.

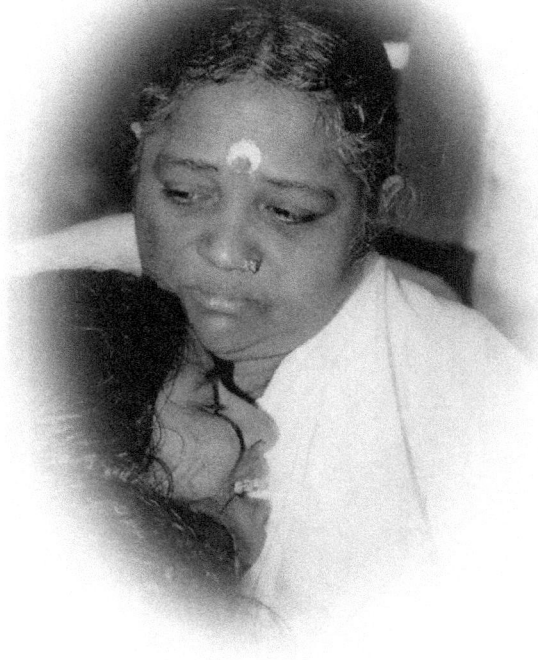

La mort

« Nous devons apprendre et pratiquer l'art de la mort. Nous l'apprenons en méditant. Nous ne pouvons le pratiquer qu'en abandonnant l'ego. C'est seulement lorsque nous réalisons l'inévitabilité de notre propre mort que nous ressentons l'urgence de chercher la paix intérieure et le bonheur véritable. »

– Amma

Le processus de la mort

« Si nous mourons dans un état de pro-
fonde méditation, nous n'aurons plus à
renaître. La méditation nous épargnera
toutes sortes d'agitations. Nous n'avons
pas besoin de croire en Dieu pour méditer.
Nous pouvons imaginer que nous nous
fondons dans l'infini comme une rivière
qui rejoint l'océan. Cette méthode permet
d'échapper à l'agitation mentale, c'est
certain. »

– Amma

Quand une personne entre dans les étapes fi-
nales du processus de la mort, deux dynamiques

différentes se mettent en jeu. D'une part, tous les systèmes biologiques du corps physique s'arrêtent progressivement. D'autre part, l'esprit du mourant se dégage des plans émotionnel, spirituel, mental et de l'environnement immédiat de son corps physique.

Le terme de « mourant actif » désigne aux États-Unis un patient qui est entré dans le processus final de la mort. Généralement, ce processus précède le décès d'environ une ou deux semaines et est décelable par certains signes. Fréquemment, on remarquera à ce moment que le patient arrête de boire et de manger. On ressentira également, très nettement parfois, qu'il se retire à l'intérieur de lui-même. Il ne s'intéresse plus du tout aux journaux ni à la télévision. Il n'a plus envie de sortir de sa maison, ni même de sa chambre. Son attention se tourne vers l'intérieur tandis qu'il consacre son énergie au processus de la mort, et se prépare à quitter ce monde. Il n'est plus toujours conscient ; il lui arrive de perdre connaissance. Quelquefois le patient rejette le contact avec tous ses amis, et peu à peu, il ne reste plus autour de lui qu'un petit cercle d'intimes.

Durant cette période de préparation à la mort, d'autres indices apparaissent : une augmentation du temps de sommeil, des changements dans la gestuelle, dans la respiration, un amoindrissement du besoin de manger ou de boire, des sensations de froid ou de fièvre, une agitation inhabituelle. Il peut y avoir aussi un regain brutal d'énergie avant la mort. Le patient devient plus alerte et se remet à parler ou bien il peut recommencer à manger ce qu'il n'arrivait plus à digérer peu de temps auparavant.

C'est pendant ce temps où la mort approche que nous pouvons, en tant qu'accompagnant, aider à maintenir une atmosphère paisible autour du malade. Comme ce dernier parle moins, il devient encore plus important de le toucher car il n'entend ou ne comprend plus forcément les mots que nous prononçons. Une caresse peut rassurer le mourant ; il ressent ainsi que quelqu'un prend soin de lui et l'aime.

Il est bon d'être conscient qu'une grande confusion peut régner dans l'entourage du malade en fin de vie. C'est le cas notamment si le patient est entouré de beaucoup de connaissances et d'amis, ou si des problèmes familiaux ressurgissent soudain, par exemple, si un mari disparu depuis des années réapparaît tout à coup. Malheureusement, quand une personne tombe malade, les membres de sa famille ne deviennent pas des saints du jour au lendemain. En fait, il arrive au contraire que les traits les plus destructeurs de leur personnalité s'accentuent dans ces circonstances stressantes. Si les relations entre les membres de la famille étaient déjà fragiles avant l'hospitalisation, l'annonce de la mort prochaine d'un parent les rend plus tendues encore. Le stress engendre des réactions émotionnelles inconscientes qui génèrent elles-mêmes des comportements mesquins ou jaloux.

Si dans la chambre du mourant, nous sommes témoins d'une discussion à voix haute, voire d'une dispute, et que le patient est réveillé, nous pouvons lui demander : « Est-ce que cette atmosphère vous dérange ? Seriez-vous plus heureux si nous venions vous voir un par un pour passer un moment avec vous ? Qu'est-ce qui serait le plus confortable pour vous ? » Dans une telle situation, souvenons-nous à nouveau que nous ne devons pas décider à la place du malade. Nous ne devons pas prier tout le monde de sortir de la pièce, sans avoir d'abord consulté le mourant. Demandons-lui systématiquement ce qu'il veut.

Cependant, si le malade est inconscient, nous devons le défendre en suggérant gentiment mais fermement à sa famille d'aller discuter ailleurs, peut-être sous forme d'une question : « Seriez-vous d'accord pour poursuivre votre conversation dans le hall ? »

Des études ont prouvé que les personnes inconscientes sont encore capables d'entendre ce qui se passe autour d'elles. C'est pourquoi nous ne devrions prononcer près des patients que des paroles positives. Si la personne est dans le coma, une façon de rester présent avec elle est de s'asseoir à côté de son lit et de respirer à son rythme. Quand elle inspire, nous inspirons. Quand elle expire, nous expirons. Généralement cette méthode nous apaise, nous repose et facilite notre connexion avec le mourant.

Il arrive que nous ayons à défendre le patient et à intervenir dans sa relation avec sa famille ou même avec le personnel hospitalier. Il n'est cependant pas forcément facile de parler avec les médecins, d'interroger les infirmières ou les parents du malade. Évitons dans ce cas d'être agressif, tout en restant vigilant : si le comportement de quelqu'un semble nuire au patient, c'est une bonne idée de chercher à éclaircir la situation.

Il y a quelques années, une de mes amies, Catherine, est allée rendre visite à son oncle qui se trouvait à l'hôpital à la suite d'une grave crise cardiaque. Elle savait qu'une aide-soignante engagée par sa famille s'occupait de lui après qu'il ait souffert de plusieurs accidents cardiaques et d'épilepsie. Cette aide-soignante se trouvait là. Son oncle ne pouvait plus parler ni bouger, mais il était visiblement ému par la visite de sa nièce, puisqu'en la voyant entrer, les larmes lui étaient montées aux yeux. Ils ne s'étaient pas vus depuis longtemps. Catherine voulait juste être à ses côtés pour lui manifester son affection, mais après quelques minutes, et bien que le temps réservé aux heures de visite ne soit pas écoulé, l'aide-soignante lui demanda de partir, en expliquant que son oncle était fatigué et ne devait recevoir personne. Mon amie a pensé immédiatement que ce que l'aide-soignante disait n'était pas vrai, mais elle a quand même obéi et elle est sortie.

Deux jours plus tard son oncle est mort. Elle a profondément regretté de ne pas être restée plus longtemps avec lui ce jour-là. Elle n'avait pas pu lui dire au revoir comme elle l'aurait voulu, ni créer un lien plus profond avec lui. Elle avait senti que l'aide-soignante lui avait demandé de partir seulement par désir de contrôler la situation. En y repensant, Catherine en est venue à la conclusion qu'elle aurait dû insister pour rester avec son oncle.

Lorsque la mort s'approche, il est courant également d'entendre le mourant nous parler des visions dont il vient de faire l'expérience : il explique qu'il a échangé des paroles avec des défunts ou même qu'il a vu une sainte personne. Ou bien il se met à décrire un endroit lointain, un lieu que nous sommes incapables de voir.

Ces visions pourraient bien être une des façons par lesquelles la nature aide une personne en fin de vie à se détacher de ce monde physique pour entrer dans une autre réalité. Ne contredisons pas le patient, n'essayons pas de donner une explication satisfaisante et rationnelle à son expérience, ne la tournons pas en ridicule et n'exprimons pas de doute sur ce qu'il a vu et entendu. Ce n'est pas parce que nous ne voyons pas, ni n'entendons pas quelque chose, que cette chose n'existe pas pour lui. Ces visions sont normales et fréquentes chez les patients en fin de vie. Si elles effraient le mourant, tâchons de le rassurer en lui disant qu'il s'agit d'un phénomène connu et courant.

Partir

« *La mort fait partie de la vie. Chacun de nous devra lui faire face, tôt ou tard. Ce qui importe n'est pas comment nous mourrons, mais comment nous vivons. Dieu nous a donné la liberté de rire et de pleurer. Même si nous sommes entourés par les ténèbres, nous devons maintenir la brillance de la lumière intérieure. Même si ceux que nous aimons sont morts, nous ne devrions pas rester dans le chagrin. Nos Écritures disent que la mort, c'est faire un pas dans une vie nouvelle.* »

— *Amma*

Si nous sommes présent tandis qu'une personne est en train de quitter son corps, nous pouvons aider son esprit à partir et à poursuivre son voyage. Ne nous accrochons pas à son vêtement en suppliant : « Ne me quitte pas ! » Nous pouvons placer avec gentillesse et douceur notre main sur le dessus de son crâne et la rassurer en lui parlant calmement d'une voix agréable.

Pendant plusieurs mois, j'ai rendu de fréquentes visites à une famille qui avait des jumeaux dont l'un, Jacques, avait une tumeur au cerveau depuis l'âge de douze mois. Cette famille vivait quasiment à l'hôpital depuis une année et nous étions devenus très proches.

Un jour, l'assistant social qui travaillait dans leur service m'a prévenue que Jacques allait probablement mourir d'un moment à l'autre et je me suis aussitôt rendue dans sa chambre. On est allé chercher Julien, son frère jumeau, et on a photographié les deux garçons ensemble. Julien est resté une heure, pendant laquelle il a joué, puis il est reparti. La chambre était remplie d'amis et des gens de la famille. Nous avons passé la journée là.

Après une dizaine d'heures, Jacques a commencé à avoir de sérieuses difficultés respiratoires. Chaque inspiration était si laborieuse que tous ceux qui étaient dans la pièce souffraient rien qu'à l'entendre. Je me demandais pourquoi le petit garçon s'accrochait encore à la vie. J'ai supposé qu'à deux ans, il était effrayé d'aller dans un endroit inconnu sans la permission de sa maman et qu'il avait besoin d'être rassuré par elle. Comme j'étais très liée avec sa mère, j'ai senti que je pouvais lui confier ce que je pensais. J'ai chuchoté à son oreille « Suzanne, je crois que tu peux aider Jacques à partir en lui parlant. Je pense qu'il a un peu peur et qu'il a besoin de ta permission pour s'en aller. »

Avec un courage extraordinaire, et sans

verser une seule larme, cette femme a pris dans ses bras son fils de deux ans et lui a dit « Bébé, c'est le moment de partir. Tu as assez lutté comme ça. Nous t'aimons. Ça ira pour Julien, ne t'en fais pas. Ton papi t'attend. Je t'aime et je veux que tu partes. » Jacques est mort vingt minutes plus tard.

Mais c'est parfois l'inverse qui se produit, quand quelqu'un refuse que la personne bien-aimée meure. Une amie m'a narré l'anecdote suivante :

« Une dame en fin de vie que j'accompa-gnais était très malade. Son fils avait beaucoup de mal à accepter qu'elle puisse mourir. Il lui répétait : « Ne m'abandonne pas ! » Les autres membres de la famille étaient si stressés par son attitude que je l'ai invité à sortir de la chambre avec moi. Je suis restée un bon moment avec lui, en le laissant pleurer et parler. Mais je lui ai aussi fait remarquer le stress qu'il créait pour sa mère. Il a compris qu'il devait, comme tous les autres, autoriser sa mère à partir, mais il ne voulait pas vraiment s'y résoudre. Nous sommes revenus dans la chambre. Tout tremblant, il a dit à sa mère qu'elle allait beaucoup lui manquer mais que ça irait. Elle est morte quelques minutes plus tard. Il avait rassemblé toutes ses forces pour lui parler et il n'arrivait plus à s'arrêter de pleurer. »

Nous pensons peut-être que le mourant a compris, sans que nous ayons à le lui dire, que nous l'autorisons à partir, ou qu'il sait bien que nous l'aimons et que nous surmonterons notre chagrin de le perdre. Mais généralement, le patient a besoin d'entendre ces affirmations, et même, que nous les lui répétions plusieurs fois. Exprimer ouvertement ce que nous ressentons peut être très difficile si nous ne sommes pas habitué à communiquer avec ce degré d'intimité, mais nous devons trouver le courage de prononcer ces paroles avec sincérité, par compassion pour celui qui va mourir.

La plupart des personnes en fin de vie, jeunes ou moins jeunes, hommes ou femmes, s'inquiètent pour ceux qu'ils vont laisser. Ils se font du souci à propos de leur situation financière, ou de divers problèmes émotionnels. Alexandra, la jeune fille qui avait tant besoin d'une greffe du poumon, s'inquiétait énormément de l'effet que sa maladie pouvait avoir sur sa mère. Elle songeait même à se suicider car elle pensait que sa mère ne serait pas capable de supporter plus de souffrance. Ainsi, pour la majorité des mourants, l'anxiété de laisser derrière eux les personnes qu'ils aiment est un souci considérable.

Respecter les différences culturelles

En ce qui concerne le respect des différences culturelles, Amma est une fois encore un merveilleux exemple à suivre. Elle est continuellement en contact avec des gens de races et de cultures différentes et elle donne à tous la même attention, le même amour.

Il nous faudra peut-être un jour accompagner un mourant qui a des croyances opposées à nos plus chères convictions. Nous devrons honorer et respecter ses idées même si elles nous semblent être des superstitions ou des mythes culturels. Lorsqu'un de mes amis irlandais est mort, j'ai ouvert la fenêtre de sa chambre, car en Irlande, on dit que l'esprit du défunt sort par la fenêtre. Je ne partageais pas cette croyance, mais comme c'était la sienne, je l'ai respectée. Et qui sait ? Sa croyance est peut-être devenue son expérience.

Différentes cultures gèrent la mort différemment. Une de mes amies ne s'autoriserait pas à pleurer devant une personne en fin de vie. Dans sa famille, on croit qu'il faut serrer les dents et ne manifester aucun signe de souffrance en public car si le mourant entend pleurer autour de lui, il pourrait s'en attrister. Certaines cultures choisissent de protéger le patient en lui cachant que sa maladie est fatale et sa mort, imminente. Nous devons honorer la variété des méthodes par lesquelles les gens arrivent à surmonter des situations éprouvantes comme un mal inguérissable ou un décès, sans chercher à leur imposer nos concepts personnels.

Certains confrontent la mort en s'exprimant émotionnellement, en gémissant et en frappant leur poitrine. D'autres ne touchent rien, ne parlent pas, ne pleurent pas, et ne s'assoient même pas aux côtés du défunt. Souvenons-nous que les normes et les pratiques d'une culture ne sont pas meilleures ou pires que celles d'une autre. Il est important de respecter le comportement culturel et traditionnel de chacun.

Voici plus-bas un dialogue que j'ai eu avec une femme grecque de religion orthodoxe, tradition religieuse que je connaissais alors très peu. Zoï était née en Grèce et avait immigré aux États-Unis. Pendant nos rencontres précédentes, elle m'avait longuement parlé de sa religion, de sa culture, de la nourriture et des festivals de son pays d'origine ; tout cela tenait une grande place dans sa vie.

Dialogue n° 6 : Différences culturelles et religieuses

Patiente : J'ai des mauvaises nouvelles. Les docteurs ont trouvé neuf tumeurs dans mon cerveau.

Accompagnant : *(l'accompagnant s'approche, touche la jambe de Zoi, et la regarde dans les yeux avec sympathie)* J'en suis désolée, Zoi. Comment te sens-tu ?

Patiente : Je pense que je suis choquée. Le docteur dit que je vais avoir des rayons. Mais d'abord, je veux rentrer chez moi et en parler avec ma famille.

Accompagnant : Est-ce que ça va aller pour toi ?

Patiente : Je me fais beaucoup de souci. Le poumon et le foie, d'accord, mais le cerveau... Ça m'inquiète vraiment. Je n'ai pas peur de mourir. Tout le monde doit mourir un jour, mais c'est pour mon fils. Il est si proche de moi. J'ai essayé de lui dire « Écoute, si quelque

chose m'arrivait… » Mais il me répond :
« Non, maman, ne dis pas ça ! » et il
quitte la pièce.

Accompagnant : On dirait que tu es
toute seule pour gérer tout ce que tu
éprouves.

Patiente : Il est si attaché à moi. Il est
trop proche. Je ne sais pas ce que je vais
faire. *(Zoï est tellement concentrée sur son
fils qu'elle ne répond même pas au fait
qu'elle se retrouve sans personne pour la
soutenir.)*

Accompagnant : Est-ce que maintenant,
le plus dur dans l'épreuve de ta maladie,
c'est d'en parler à ton fils ?

Patiente : Oui. Il va venir me voir. Je ne
comprends pas pourquoi ça m'arrive à
moi. Je suis quelqu'un de bien. Tu peux
demander à tout le monde. Tu peux me
dire pourquoi ça m'arrive, ça ?

Accompagnant : Non, je ne peux pas te le dire. On ne sait pas. Dieu seul connaît la réponse à ta question. Je crois que ça fait partie du mystère de la vie. Tu peux me parler de ta relation avec Dieu ?

Patiente : Hier soir, elle était pas terrible, ma relation à Dieu ! Je Lui ai dit : « Désolée, Seigneur, mais j'ai perdu la foi. »

Accompagnant : Mais si tu parlais à Dieu, c'est que tu n'avais pas totalement perdu la foi.

Patiente : *(rire)* Tu as raison. Mais je suis tellement en colère.

Accompagnant : C'est OK. Tu as le droit d'être en colère.

Patiente : C'est juste que je ne comprends pas pourquoi. *(avec intensité, elle parle plus fort)* Pourquoi ? Pourquoi est-ce que ça arrive ?

Accompagnant : *(Accompagnant touche*

*la jambe de Zoï et la regarde dans les yeux
avec amour)* Cela doit être une période
bien difficile pour toi Zoï, une période
de confusion.

Ce genre de conversation arrive fréquemment
quand un patient reçoit des résultats d'exa-
mens médicaux qui s'avèrent très négatifs.
De nombreux problèmes sont évoqués dans
ma conversation avec Zoï : la foi, la question
constante « pourquoi ? » et l'enfant qui ne
supporte pas l'idée de perdre sa mère. Même si,
en tant qu'accompagnant, nous ne partageons
pas les mêmes croyances ou la même origine
culturelle que le malade, nous devons rester à
ses côtés pour l'écouter parler à sa manière de
tous les problèmes auxquels il est confronté.

Les enfants

Si le patient a des enfants, il ne faut pas les exclure de la situation créée par la maladie. C'est important de les inviter à exprimer ce qu'ils ressentent et également de leur parler de ce que nous éprouvons.

Généralement, jusqu'à l'âge de dix ans environ, les enfants ne disposent pas d'un vocabulaire émotionnel très précis et ils n'ont pas encore acquis la capacité de décrire adéquatement ce qu'ils ressentent. Plus encore que les adultes, ils ont besoin, pour pouvoir s'exprimer et communiquer pleinement, d'un environnement où ils se sentent en sécurité et soutenus, et où règne une atmosphère de liberté et d' honnêteté. Il est important de les aider à éclaircir leurs doutes de manière satisfaisante car ce qu'un enfant imagine est souvent bien pire que ce que le mourant expérimente en réalité.

Dans certains pays, comme aux États-Unis, un nouveau secteur de pédiatrie est apparu dans les grands hôpitaux, qu'on appelle les « Services à la Vie de l'Enfant ». C'est un département qui vient judicieusement s'ajouter aux services traditionnels de pédiatrie et de la petite enfance. Le personnel qui y travaille est spécialement formé pour parler aux enfants selon leur âge, leur développement émotionnel et leurs capacités intellectuelles.

Si nous devons aider un enfant à affronter une situation qui implique une longue maladie ou la mort, nous pouvons nous renseigner à propos de ces « Services à la Vie de l'Enfant » ou leur équivalent, en France, pour leur demander conseil. Si l'hôpital où nous nous trouvons ne dispose pas encore de ce service, peut-être pouvons-nous utiliser celui d'un centre hospitalier proche.

Une collègue m'a raconté l'histoire suivante :

« Je travaillais dans un hôpital comme accompagnante des personnes en fin de vie. Une nuit, j'ai été appelée en urgence par le service de réanimation cardiaque. Quand je suis arrivée dans la chambre du patient, il y avait déjà beaucoup de gens qui l'entouraient. Son coeur venait de s'arrêter. Sa femme était dehors, devant la porte ouverte, et regardait à l'intérieur de la pièce avec beaucoup d'angoisse, tout en empêchant sa petite fille de six ans de voir ce qui se passait. Néanmoins, la fillette pouvait entendre tout ce qui se disait, et elle absorbait l'atmosphère chargée de stress et l'énergie intense des événements.

Quand l'infirmière m'a aperçue, elle m'a immédiatement appelée et présentée à la mère. J'ai demandé à cette dernière si elle voulait entrer dans la chambre pour être avec son mari. Elle a murmuré : « Oui, mais ma fille... » Je me suis agenouillée et j'ai demandé à la fillette : « Si ta maman va dans la chambre pour aider ton papa, est-ce que tu veux bien rester ici avec moi ? » Les yeux écarquillés de frayeur, elle a acquiescé en hochant la tête. J'ai ouvert mes bras et elle est venue s'y réfugier. Je l'ai soulevée puis emmenée en bas dans le hall. D'abord je lui ai demandé son nom et lui ai dit le mien. Puis j'ai dit : « Ça doit te faire un peu peur, tout ce qui arrive. » En agitant vigoureusement la tête, visiblement soulagée d'avoir quelqu'un qui comprenait ce qu'elle éprouvait, elle a avoué : « Oui, drôlement peur ! ». J'ai ajouté : « Je serais à ta place, j'aurais peur aussi. » Nous avons continué à bavarder jusqu'à ce qu'on m'apprenne que son père avait été sauvé et que je pouvais l'emmener dans la chambre pour qu'elle le voie.

Pendant notre conversation, je me suis

171

contentée de lui poser des questions pour l'amener à exprimer ce qu'elle ressentait à propos de l'hospitalisation de son père et ce qu'elle vivait au moment précis où nous parlions. Même s'ils ne comprennent pas complètement ce qui se passe, les enfants absorbent l'énergie inhabituelle dégagée par un drame familial. D'une certaine façon, quand j'ai ouvert tout grand les bras et qu'elle a choisi de me faire confiance, j'ai créé pour elle un genre de refuge. C'est ce que nous devons constamment offrir aux enfants, un lieu sûr pour les aider à exprimer leur souffrance, leur peur, et leur chagrin. »

Prendre soin du
soignant principal

Parfois, ce n'est pas uniquement le malade qui requiert nos soins et notre attention, mais plutôt le soignant principal, c'est à dire la personne qui s'en occupe le plus souvent. Ce dernier est souvent inquiet de quitter la chambre de sa femme ou de son parent et il s'épuise complètement. Lui rendre service est très important. Nous pouvons lui proposer une tasse de thé, quelque chose à boire ou à manger ou lui offrir de rester avec la personne en fin de vie tandis qu'il fera une pause.

Si on nous demande un jour de jouer ce

rôle de soignant principal auprès d'un malade et qu'il semble que cette responsabilité puisse durer longtemps, un mois, trois mois, six mois, ou un an, il est indispensable, avant de nous engager, de réfléchir à ce dont nous aurions besoin pour être capable d'assumer cette fonction jour après jour.

Ce genre de travail peut se révéler fatigant émotionnellement et physiquement. Après avoir passé une heure avec un patient, on a parfois l'impression d'être désorienté, comme après un tour sur les montagnes russes d'une fête foraine. Nous rions et pleurons avec lui, nous l'aidons à clarifier son esprit en observant le flot constamment changeant de ses émotions. À un moment donné, il veut mourir, et la minute suivante, il nous explique longuement qu'il trouve extrêmement difficile de quitter ses amis.

Toutes sortes d'émotions peuvent se manifester en nous lors d'une seule visite, alors il est bon de nous y préparer : Quelle stratégie adopter si nous nous sentons tendu ? Quel ami appeler pour nous remplacer si nous avons besoin de faire une pause ? Il est très difficile de rester présent avec le mourant et de prendre de bonnes décisions si nous sommes épuisé, stressé et sous l'effet d'un excès de café.

Importance de l'humour

« Rire est bon pour le coeur... Être tout le temps sérieux est une maladie. Nous devrions essayer de mettre tout ce sérieux de côté et nous autoriser à rire plus souvent. Rire est bon pour la santé. Rire de tout coeur est la meilleure façon de s'ouvrir aux autres. »

– Amma

Quand mon père a été hospitalisé pour un cancer du poumon, un prêtre est venu lui administrer le Sacrement des Malades. Ce jour-là, une vingtaine de visiteurs étaient présents. Nous nous sommes tous rassemblés autour de son lit et l'atmosphère est devenue très solennelle ; certains se sont mis à pleurer.

Le prêtre l'a béni et quand il a eu fini, mon père a ouvert les yeux, a fait un clin d'oeil au prêtre et lui a dit : « Chouette boulot, mon Père ! »

Nous avons tous éclaté de rire. Son humour avait fait s'évanouir toute la tension qui régnait dans la pièce. Nous pleurions de rire ! C'était un cadeau que mon père nous faisait à tous. Et c'était lui tout craché : il adorait nous faire rire.

Par contre je ne prône pas l'idée qu'il soit approprié de nous détourner de nos émotions en les cachant sous des plaisanteries. Beaucoup de gens se sentent si mal et si nerveux lorsqu'ils rendent visite aux mourants, qu'ils se mettent à plaisanter pour couper la tension. Ce n'est pas une bonne idée. Nous pouvons rire de leurs blagues, mais nous devons rester vigilants face à nos émotions, et ne pas utiliser le sarcasme comme un mécanisme de défense inconscient, juste par habitude.

Rappelons-nous que le rire est une stratégie saine, qui peut aider à soulager les tensions, et dans cette intention, n'hésitons pas à suggérer au malade de regarder un film comique, ou de lire un livre amusant. La règle d'or lorsqu'on emploie l'humour, c'est de le faire avec gentillesse, bienveillance et subtilité.

Réconforter ceux qui ont du chagrin

Quelquefois notre rôle consiste à consoler les proches du défunt. Si une personne est morte soudainement, que ce soit pendant une opération chirurgicale, un accident de la route, ou même subitement après une longue maladie, et que nous souhaitons réconforter un époux ou un ami affligé, le mieux est de rester présent et en silence avec lui. J'ai lu un jour l'histoire d'un homme qui avait perdu son fils. Questionné sur ses besoins immédiats, il a répondu qu'il souhaitait simplement que quelqu'un reste assis à côté de lui. Parfois, on ne trouve pas de mots pour exprimer ce qu'on voudrait communiquer.

J'ai rendu visite un jour à un couple qui venait de perdre un bébé de deux semaines. Le nourrisson avait eu de la fièvre et il était mort en vingt-quatre heures. Le père et la mère étaient sous le choc. La maman me répétait : « Je dois l'emmener chez nous. » Ils avaient un immense chagrin. Je suis restée deux heures avec eux, durant lesquelles je n'ai presque rien dit. Aucune parole n'aurait pu soulager leur douleur. Je les ai soutenus physiquement, je les ai serrés dans mes bras et je leur ai proposé de l'eau à boire. Que pouvons-nous dire en pareilles circonstances ?

La mort n'existe pas

Quand un patient est prévenu qu'en raison de sa maladie, il ne lui reste plus beaucoup de temps à vivre, une transformation peut se produire en lui. Il peut devenir capable de percer l'illusion que sont toutes les promesses d'un futur meilleur. Ressentant en permanence que la fin de sa vie est très proche, il n'envisage plus rien d'autre que ce qui se passe dans l'instant, et c'est alors que sa conscience est amenée à changer de perspective et qu'une fantastique ouverture du cœur se produit.

J'ai passé la dernière année de sa vie avec mon amie Sara, qui, à quarante ans, était atteinte de leucémie. Nous avons traversé ensemble les hauts et les bas causés par les divers traitements qu'elle devait suivre. J'ai même été à ses côtés pendant ses deux greffes de la moëlle. Elle ne croyait pas en Dieu et disait qu'elle avait toujours sur elle une carte attestant qu'elle était athée, comme d'autres portent une carte de leur groupe sanguin. Mais nous avions des échanges spirituels très profonds.

Sara avait beaucoup de charisme. Les malades qui vivaient au même étage qu'elle étaient toujours en train de la chercher pour bavarder avec elle ou pour se faire consoler. Si un médecin lui annonçait quelque mauvaise nouvelle, elle s'exclamait « Bien, nous allons voir ce qui nous attend au prochain coin de rue. » Souvent, nous méditions toutes les deux. Elle écoutait de temps en temps un CD de visualisation positive à l'intention des malades du cancer, et je lui massais les pieds.

Un jour, environ un mois avant son décès,

elle s'est mise à pleurer après avoir écouté ce CD. J'ai pensé : « C'est bien, elle accepte enfin sa mortalité. »

Car jusque là, il m'avait semblé difficile de remettre en question son attitude positive à toute épreuve pour évoquer avec elle le fait que, peut-être, elle ne survivrait pas à cette maladie.

Je me suis donc approchée de son lit et je lui ai demandé si elle savait pourquoi elle pleurait. Après un instant, elle m'a souri en répondant : « Je suis si pleine de vie. Il n'y a plus aucune barrière entre toi et moi, ni entre moi et quiconque ou quoi que ce soit. Je ne ressens que de l'amour pour tous et pour tout. Je pleure parce que je voudrais que les gens du monde entier fassent cette expérience mais ils ne le peuvent pas. » Elle a sangloté pendant longtemps, non pas sur son sort ou par peur de la mort, mais d'amour et de gratitude. Elle vivait la plénitude d'une expérience spirituelle.

Au moment où elle mourait, son mari lui

a demandé si elle voulait plus de morphine.
Comme elle hésitait et il lui a dit : « Tu sais, tu
n'as pas besoin de lutter plus longtemps. » Elle
a souri et elle a dit : « D'accord. » Puis elle est
morte, dix minutes plus tard, assise, le sourire
aux lèvres, en regardant l'immense fenêtre en
face d'elle.

La mort peut être une occasion de célébrer
la vie. Je n'ai jamais vu cela mieux illustré que
lors d'une visite que j'ai rendue à une famille
portugaise dont le nourrisson allait mourir. La
mère venait juste de mettre ce bébé au monde,
après avoir appris, seulement deux jours avant
l'accouchement, que son enfant ne pourrait
vivre que quelques minutes. Son mari, ses
parents et un prêtre catholique, qui était un de
mes amis, étaient tous présents. Dès que les infirmières leur ont présenté le nouveau-né, toute
la famille s'est mise à applaudir et à crier de
joie. On a fourré un appareil photographique
dans les mains de mon ami en lui disant :

« Prenez des photos ! » Tous les membres de la famille ont pris le nourrisson dans leurs bras, chacun à leur tour, en lui parlant en anglais ou en portugais. Ils lui répétaient : « Nous t'aimons énormément. » « Tu es parfait. » « Oh! Que tu es magnifique !... » Le prêtre et moi nous sommes relayés pour pouvoir tantôt prendre les photos, tantôt essuyer nos larmes.

Après vingt minutes, alors que j'étais assise aux côtés de la mère qui tenait son bébé, elle s'est tournée vers moi et m'a dit : « Il est froid. Il devient bleu. » Puis, le petit être qui venait tout juste de naître, est mort dans ses bras.

J'ai eu beaucoup de chance de pouvoir être le témoin de cette courte vie, si pleine, si magnifique. Durant les vingt minutes de sa vie, ce bébé a reçu un amour si profond et si affectueusement exprimé que certains n'en reçoivent même pas l'équivalent pendant la totalité de leur enfance. Ces gens m'ont fait comprendre une leçon précieuse et cette expérience a été très émouvante pour le prêtre et pour moi ; nous n'avions jamais rien observé de pareil.

Nombreux sont les prophètes et les sages qui nous ont répété que la mort n'existe pas. On a comparé le passage de la vie à la mort à l'action de quitter une pièce pour entrer dans une autre, ou au fait de se débarrasser d'un vieux manteau dont on n'a plus besoin. Amma dit souvent que « La mort est comme un point à la fin d'une phrase. Il y a un petit espace, et puis nous recommençons à écrire. »

Une de mes amies avait appris qu'un très bon camarade de sa mère, Arthur, avait une tumeur cancéreuse au cerveau. Les médecins lui donnaient encore six mois de vie, un an au maximum. Deux mois après avoir appris cette nouvelle, mon amie a fait un rêve dans lequel apparaissait Arthur, légèrement plus jeune et sans ses habituelles lunettes. Il émanait de lui une grande paix. Il pria mon amie de délivrer un message à sa mère : « Dis à ta maman que je suis décédé, mais que je ne suis pas mort. » Le lendemain matin, mon amie a téléphoné à sa mère qui lui a annoncé qu'Arthur était mort pendant la nuit.

Il faut nous rappeler que la mort fait partie intégrante de la vie et qu'elle ne devrait pas être une cause de désespoir, mais au contraire, une source d'apprentissage. À l'époque où je travaillais aux soins palliatifs, j'ai observé que les patients qui avaient une foi religieuse ou un engagement spirituel semblaient en tirer tranquillité d'esprit et assurance devant la mort. Tous les soirs, pendant le trajet en train que j'effectuais pour rentrer chez moi après ces journées où j'avais vu tant de souffrance, j'étais souvent submergée de reconnaissance pour la présence d'Amma dans ma vie. C'est une telle bénédiction de bénéficier du soutien d'Amma, de son amour et de sa compassion qui nous apaisent face aux défis de la vie. Mon vœu le plus cher est qu'en suivant son exemple, nous puissions tous grandir au service des autres et développer notre compassion.

Ce que dit Amma sur la mort

« Mes enfants, qui peut échapper à la mort ?
Quand vous naissez, la mort aussi vous accompagne. Chaque instant de votre vie vous
rapproche de la mort. Les gens ne sont pas
conscients de cela. Ils sont si captivés par les
plaisirs du monde qu'ils oublient complètement leur mortalité. Il n'existe pas un moment
sans sa présence. En fait, nous sommes toujours entre ses mâchoires. Les gens sages sont
conscients de l'inévitabilité de la mort et ils
essaient de la transcender. »

« Pendant sa vie, un sage acquiert la force mentale et spirituelle de vivre aussi avec la mort, c'est à dire dans la dimension de l'éternité au-delà de la mort. Il meurt à son ego. Une fois qu'on meurt à l'ego, il n'y a plus de personne, et donc personne n'est plus là pour mourir. Le sage est si rempli de vie qu'il ne connaît pas la mort. Ayant transcendé la mort, il connaît seulement la vie qui pulse partout. Il devient l'essence-même de la vie. La mort est un phénomène inconnu, un phénomène qui n'existe pas pour lui. La mort que nous connaissons, le dépérissement du corps, peut lui arriver, mais cette mort n'est qu'un changement pour lui. Il ne redoute pas la mort du corps. Car pendant sa vie et à travers la mort, il demeure identifié à l'essence de la vie qui assumera une nouvelle forme s'il le souhaite. »

« Les vagues ne sont que de l'eau. Lorsqu'une

vague apparaît à la surface, monte, redescend et disparaît, l'eau de la mer prend la forme d'une autre vague à un autre endroit. Quelles que soient les formes qu'elles prennent, les vagues ne sont que l'eau de la mer. De la même façon, le corps d'une âme devenue parfaite peut aussi mourir comme le corps d'un être humain ordinaire. La différence gît dans le fait qu'un être humain ordinaire se considère comme une entité séparée, une partie différente de la Conscience Suprême, comme une vague unique isolée de la mer, alors que l'âme qui a atteint la perfection est pleinement consciente de son unité avec l'Absolu. Cette âme devenue parfaite sait qu'elle n'est pas comme une vague isolée, mais la mer elle-même, même si elle a pris la forme d'un corps humain. Ainsi, elle ne craint pas du tout la mort. Elle la considère comme un phénomène naturel, un simple changement. Elle sait très clairement que, juste comme une vague apparaît, puis disparaît et réapparaît sous une autre forme ailleurs, le corps lui-aussi doit passer par la naissance, la mort et une nouvelle naissance. Les *Mahatmas* savent qu'ils sont la mer, et pas une vague, qu'ils sont *l'Atman* (le Soi), pas le corps. Mais une personne ordinaire croit être le corps, une vague isolée, et que tout est fini pour toujours quand le corps meurt. Cela la remplit de peur car elle ne veut pas mourir. Alors elle se chagrine quand elle pense à la mort. elle voudrait lui échapper. »[2]

« La naissance et la mort sont seulement relatives. Elles ne sont pas réelles du point de vue ultime. Comme pour toutes les autres expériences dans la vie, elles ne sont que deux événements qu'une personne doit traverser.

---

[2] Swami Amritaswarupananda. *Éveillez-vous mes Enfants volume IV*, Kérala, Inde : Mata Amritanandamayi Mission Trust

À cause de leur intensité, la nature a trouvé le moyen de faire complètement oublier à l'homme ces deux moments majeurs de sa vie. C'est difficile pour une personne ordinaire de rester conscient pendant sa naissance ou sa mort. Généralement, ce sont deux étapes de la vie durant lesquelles on se sent extrêmement faible.

Quand il est dans le ventre de sa mère ou quand il en émerge, l'enfant est complètement impuissant. Et c'est pareil pour une personne qui meurt. Lors de ces deux événements, l'ego recule si loin à l'arrière-plan, qu'il se retrouve sans ressource. Mes enfants, vous n'êtes pas conscients de ce qui vous arrive pendant ou après la mort. Vous devez vous débarrasser de toute peur et devenir complètement conscients pour vous ouvrir à cette expérience. La peur vous y ferme. Seuls ceux qui ont assez de profondeur, qui sont sans peur, et constamment dans un état de vigilance complète, sont capables de savourer consciemment la béatitude de la mort. »

« Naturellement, si vous avez la capacité de rester conscient et alerte quand vous traversez l'expérience de la mort, elle devient une expérience ordinaire comme les autres. Alors, la naissance et la mort ne vous dérangent plus ; vous vous contentez de sourire quand elles arrivent. La mort ne vous semble plus étrange. Cependant, ce n'est possible que si vous êtes un avec votre véritable Soi. »

« Lorsque vous comprendrez que vous n'êtes pas le corps, mais la Conscience Suprême, le centre de votre existence se déplacera vers le Soi. Vous vous réveillerez et réaliserez que vous étiez en train de dormir, et que le rêve de ce monde et de toutes les expériences qui y sont associées, sont comme une pièce de théâtre. Vous pourrez rire du spectacle exquis de la Conscience. »[3]

[3] Swami Amritaswarupananda, *Éveillez-vous mes enfants volume VIII*

Application pratique

« Consoler les âmes en peine, essuyer leurs larmes est plus important que d'atteindre un quelconque succès mondain. »

— Amma

Je vous propose de tenir un journal tout au long de l'accompagnement que vous effectuerez. Vous trouverez ci-dessous quelques questions qui pourront vous aider à l'écrire. Abordez-les en sachant qu'il n'existe pas de réponse juste ou fausse mais qu'elles peuvent vous aider à développer votre capacité d'attention.

1. Écrivez tout ce dont vous vous souvenez à propos de chaque visite.

2. À la fin de votre visite, comment vous

sentiez-vous ? (voir la liste des mots pouvant décrire ce que nous ressentons)

3. Et maintenant, lorsque vous repensez à cette visite, éprouvez-vous une émotion différente ?

4. Quels ressentis le malade a t-il exprimé ? (voir la liste)

5. Quel message votre communication non-verbale a pu exprimer au patient ?

6. Est-ce que quelqu'un est entré dans la chambre pendant votre visite ? Comment cela a t-il affecté l'atmosphère de la visite ?

7. Le patient a t-il mentionné qu'il avait besoin de quelque chose ? Si oui, pouvez-vous ou avez-vous pu le satisfaire ?

8. Vous êtes-vous senti mal à l'aise à un moment ou à un autre ? Savez-vous ce qui a causé ce malaise ?

9. Est-ce que vous vous sentiez préparé

à rendre visite à ce patient (c'est à dire étiez-vous centré, enraciné) ? Si ce n'est pas le cas, que pourriez-vous faire la prochaine fois pour mieux vous préparer ?

10. Sentez-vous que « le courant passe » avec le patient ? Si non, qu'est-ce qui en empêche le flot ?

11. Que feriez-vous de façon différente lors de votre prochaine visite ?

12. Souhaitiez-vous que quelque chose se passe d'une certaine façon avant d'entrer dans la chambre ?

13. Avez-vous appris quelque chose sur vous pendant cette visite ?

Liste des mots pouvant exprimer ce que nous ressentons

Abandonné, anormal, en colère, ennuyé, anonyme, anxieux, apathique, en péril, à risque, attaché, honteux, assailli, affreux, bizarre, malmené, infantilisé, mal, déconcerté, embobiné, comme épuisé après une bataille, battu, boxé, blâmé, comme un fardeau, en cage, cajolé, endurci, calme, hargneux, capable, captivé, prudent, rejeté, mis au défi, trompé, comme un enfant, en train d'étouffer, forcé, combattif, compliqué, confus, comme étranglé, crucifié, grincheux, astucieux, excentrique, sans valeur, affolé, déconfit, désemparé, revêche, plein de souffrance, condamné, hébété, débile, en situation d'échec, difforme, sur la défensive, dégonflé, dépendant, désespéré, déterminé, déçu, difficile, différent, déconnecté, mécontent,

découragé, impuissant, dégoûté, maudit, éner-
vé, castré, ému, enragé, exclu, plein d'espoir,
prêt à exploser, peureux, bouleversé, effrayé,
frustré, furieux, tatillon, reconnaissant, accablé
de chagrin, coupable, harassé, plein de haine, le
coeur brisé, le coeur lourd, sans soutien, mené
par le bout du nez, hésitant, hideux, humi-
lié, blessé, ignoré, immobilisé, emprisonné,
incapable, handicapé, invisible, isolé, jaloux,
délaissé, seul, cinglé, malheureux, maltraité,
incompris, malade, négatif, négligé, nerveux,
névrotique, comme anesthésié, optimiste,
submergé, débordé, outragé, dorloté, paniqué,
traité avec condescendance, pitoyable, positif,
puissant, plein de regrets, pourri, triste, égoïste,
attendri par mon sort, sensible, soupe au lait,
stressé, troublé, vexé, soucieux.

Ce livre est le fruit d'une collaboration qui a duré trois années. Il a vu le jour grâce au talent et au savoir des personnes suivantes : Swamini Krishnamrita Prana, Swami Paramatmananda Puri, Mira, Vineeta, Sachin, Divya, Neeraja, Priyan, Deva Priya, Upasana, Rasya, Haran, Praveena, Kripa Prana, Amala, Kripa, Shubha, Anupama, Hari Sudha, Ramani, Devika, Rajita, Amarthya, Agama, Adam, Atulya, Anavadya, Tarini Ma, Ram Das, Vinaya, Sivani, Chaitanya, Vedavati, Annari et Rod.

Je voudrais remercier tous les patients et toutes les familles que j'ai eu le privilège de rencontrer pour les leçons qu'ils m'ont permis d'assimiler.

Tous les bénéfices de la vente de « Rester présent face à la mort » sont versés aux oeuvres caritatives du mouvement « Embracing the World ».

Pour plus d'informations, veuillez consulter le site www.embracingtheworld.org

www.ingramcontent.com/pod-product-compliance
Lightning Source LLC
LaVergne TN
LVHW051732080426
835511LV00018B/3022